商业伦理

东西方决策智慧

BUSSINESS ETHICS

The Wisdom of Decision Making from East and West

赵越 著

人民东方出版传媒
People's Oriental Publishing & Media
東方出版社
The Oriental Press

图书在版编目（CIP）数据

商业伦理与东西方决策智慧 / 赵越 著 . — 北京：东方出版社，2022.7
ISBN 978-7-5207-2816-4

Ⅰ.①商… Ⅱ.①赵… Ⅲ.①商业道德—通俗读物 Ⅳ.① F718-49

中国版本图书馆 CIP 数据核字（2022）第 096232 号

商业伦理与东西方决策智慧
（SHANGYE LUNLI YU DONGXIFANG JUECE ZHIHUI）

作　　者：赵　越
责任编辑：刘　峥
出　　版：东方出版社
发　　行：人民东方出版传媒有限公司
地　　址：北京市西城区北三环中路 6 号
邮　　编：100120
印　　刷：北京联兴盛业印刷股份有限公司
版　　次：2022 年 7 月第 1 版
印　　次：2022 年 7 月第 1 次印刷
开　　本：880 毫米 ×1230 毫米　1/32
印　　张：6.125
字　　数：118 千字
书　　号：ISBN 978-7-5207-2816-4
定　　价：45.00 元
发行电话：（010）85924663　85924644　85924641

目录

第一章 / 舶来的伦理学 /001

1.1 伦理学的内涵 /002

1.2 伦理学有什么用 /004

1.3 与你我息息相关的伦理问题 /009

第二章 / 道德的起源与伦理学的本质 /021

2.1 道德起源 /022

2.2 伦理学的本质：道德、法律与伦理的关系 /027

2.3 伦理学的开始：智者和先知们的游戏 /033

第三章 / 商业伦理及其重要性 /047

3.1 商业伦理学的产生 /048

3.2 利义矛盾中的商业伦理学 /050

3.3 商业与伦理融通的新视角：决策智慧 /052

第四章 / 伦理决策模型 /055

4.1 商业伦理的决策模型 /056

4.2　伦理决策的思维方式 /059
4.3　伦理学危机和决策模型的局限性 /066

第五章 / 科学最新进展对商业伦理的促进 /073
5.1　伦理学与博弈论 /074
5.2　商业伦理与心理学 /084
5.3　伦理学与现代物理 /096

第六章 / 万物互联时代的商业伦理 /111
6.1　时代进化的规律 /112
6.2　互联网的到来彻底改变了我们的存在状态 /114
6.3　对互联网意识形态的思考 /117

第七章 / 古老东方智慧对现代商业伦理的救赎 /121
7.1　《孙子兵法》与道 /122
7.2　阳明心学与伦理道德 /137
7.3　佛法是科学的伦理学 /147
7.4　《了凡四训》的伦理学启发 /154

第八章 / 东西合璧的伦理决策工具——LOTUS 及其应用 /161
8.1　伦理决策 /162
8.2　我独创的伦理决策工具：LOTUS /168
8.3　自我测试 /179

第九章 / 一切成就的最终秘密 /181
9.1　利他的商业伦理学 /182
9.2　伦理学最后的反思 /186

第一章

舶来的伦理学

1.1 伦理学的内涵

在我看来，伦理学其实是我们日常生活和工作中各种决策的一部分。我们的生命、我们的事业其实是各种各样的决策的总和。而决策的质量，跟我们的智慧是高度关联的。几乎所有的东西方的智者、哲学大家，他们的思想一定会涉及伦理学决策。

在西方，伦理学这一概念源出希腊文 ετησs，本意是“本质”“人格”也与“风俗”“习惯”的意思相联系。后来罗马人用“moralis”来翻译“ethics”。维基百科把“ethics”直译为道德学或道德哲学；在《大英百科全书》里，它的定义是道德学和伦理学；《剑桥哲学词典》对这个词的定义是对于道德的哲学研究。所以，西方对伦理学的定义，是一门研究道德的科学或是研究道德的哲学。

在东方，“伦理”一词最早出自于《礼记·乐记》，原文是：“凡音者，生之于心者也，乐者，通伦理者也。是故知声而不知音者，禽兽是也；知音而不知乐者，众庶是也。唯君子为能知乐。”这句话指音乐和事物的伦理是相通的，进一步可以理解为所有的事物都有相通之处。这时候的伦理还没有明确指出和道德的关系。

伦的繁体是“倫”，它最初是形容 200 车为一辈或一类；也将同一批次的东西叫一伦。《说文》中“伦，辈也”；而《新华字典》里则是指人与人之间的道德伦理关系。这跟古汉语中的意思是有差异的，反而跟西方的定义比较接近。

现在关于伦的词语有伦理、天伦、人伦、五伦等，都与道德相关。我们如果把“道德”二字拆开看的话，道实际上指的是大道、天道，或者说做一件事情的道理；德通得，从道而来，遵循着道就可以得到。古语曰：“天无道不成天，地无道不成地，人无道何为人？”古人认为天下最重要的三件事就是天道、地道、人道，伦理正是教大家如何做人的学问。

西方认为伦理是说道德的哲学，而我们认为伦理是教人为人的学问，这二者还是有一定差别的。

在汉字里，有一个词和伦特别接近——仁。儒家思想特别核心的一个概念就是仁。两个人，寓意着当你考虑任何问题的时候，不是只考虑一个人而是两个人，任何时候你都要考虑这个人跟其他人之间的相互关系。

在儒家思想里，有很多是关于人伦的，比如我们常说的五伦：父子、君臣、夫妇、长幼、朋友；以及我们应该如何来处理这样的关系，有亲、义、别、序、信。人际关系很复杂，孟子概括为“五伦”：“父子有亲，君臣有义，夫妇有别，长幼有序，朋友有信。”

1.2 伦理学有什么用

生活中，我们常常自嘲式地发问：讲道德有什么用？

民国初期的李宗吾先生写过一本书——《厚黑学》，有一段时间在中国特别流行，这本书宣扬“脸皮要厚如城墙，心要黑如煤炭，这样才能成为英雄豪杰”。我年轻的时候也看过这本书，当时深以为然。后来，到了一定年纪、有了一定的社会阅历后才发现根本不是这样。

随着中国高等教育越来越普及，每年的大学毕业生都在不断地增加，那么怎么才能从成百上千万的毕业生里脱颖而出呢？哪一个东西是最重要的？是德还是才？大家肯定认为是我们一直学的知识。知识是最重要的，这是大家的普遍想法。

我曾经在美国硅谷工作过很多年，从被别人招聘，到成了高管做了老板自己招人。那时候我们招人的标准是这样的：首先他得能干。但硅谷能人太多了，那么最重要的是什么呢？其实大家可以想想：如果你要招一个人来跟你日夜相处，白天上班晚上加班都在一块儿，甚至周末也要在一块儿，你会招个什么样的人呢？你想招个好人还是坏人？会招个合得来的还是合不来的？我在硅谷招人时很重要的一点就是看这个人能不能跟我相处得来，能不能跟我一起做事，这才是最重要的。再简单一点就是看这人像个好人还是坏人。

我有一个著名的中医朋友，有一次他要招人，我以为他要招那种学识特别高、特别聪明的人。他说其实不是，他要找善良厚道的人。他说："在厚道的基础上，你才可以开发你的智慧。"而我们很多人可能意识不到这一点，想当然地以为才干更重要，但是过来人会告诉你，德是相当重要的。

1.2.1 人生事业成功的秘密

最近，我们做了一项关于中国大学生商业伦理教育的调研。在近百名大学生中，98% 的人从来没有上过任何商业伦理的课程。这意味着在他求学的过程中没有受到过系统的伦理道德训练和学习。

《易经》里有一个词叫"厚德载物"，有一句话叫"德不配位，必有灾殃"。也就是说，坐到高位也许是你的运气好、福报好，或有很多关系。但你能在上边待多久呢？假如你在一个跟你不相配的高位上待着，这是一件好事还是坏事？

大家应该都听过：很多官员在底层时没事，一到高处马上就倾家荡产进去了，是什么原因呢？因为德不配位。能让你安稳待在高位上的最重要的就是德。德要厚才能载住上面的物，这是我们老祖宗留下的智慧。

日本有一位很成功、很受人尊敬的企业家——稻盛和夫。他是史上少有的在有生之年做出了两家世界 500 强公司的企业家。而他最牛的事迹是凭一己之力在日航（全球第二大航空公司）破产之后用一年半的时间力挽狂澜，拯救了日航。稻盛和夫认为人生的成功公式由三个指标构成：能力、热情和思维方式。他说："我所思考的人生方程式：人生 / 工作的结果 = 思维方式 × 热

情 × 能力。”

“所谓能力，指的不仅是头脑聪明，还包括运动神经发达、身体强健等肉体上的能力，这些能力大部分都是与生俱来的……这个能力需要乘以热情这个要素。所谓热情，也称为努力，这个要素也是有个体差异的，……但是热情与能力不同，可以由自己的意志决定。……最后，还要乘上思维方式这个要素。所谓思维方式，就是指这个人所持有的思想、哲学，或者称为理念、信念，也可以用人生观、人格来表示，也可称之为人生态度。我将这些总称为思维方式。”

这三个指标你认为哪一个是最重要的呢？稻盛和夫告诉我们这里面只有一项是最重要的，其他两项都是辅助。

这个“思维方式”才是最重要的因素，它将大大地左右方程式的结果。为什么这么说呢？因为“能力”和“热情”这两个要素都是从 0 分到 100 分打分，但“思维方式”却具有方向性，从坏的“思维方式”到好的“思维方式”，分别可以从 -100 分到 +100 分进行打分，幅度很大。

作为世界上最成功的企业家之一，在稻盛和夫的成功公式里，最重要的决定正负的因素，不是他的能力，也不是他的激情，而是思维方式。他在《活法》一书中提到，他的思维方式就是首先考虑“作为人，何谓正确？”。从这句话可以看出，当我们说到思维方式的时候，实际上说的是道德，是伦理。

1.2.2 智慧弥补不了的道德缺陷

记得小时候在北京坐公交车每次都要先买票，那时候我们一群小孩子在一起觉得好玩会故意逃票，还不以为意地说白日蹭车无事故。现在岁数大了，想起来就会很后悔自己当初的逃票行为。

曾看到台湾的一档节目，嘉宾讲了一个故事让我很震撼。

那是一位成功的企业家分享了一段他在欧洲的真实经历。他是学数学统计的，学习特别好。他发现，在欧洲国家乘车是无人售票的，进站也无人验票，只是偶尔会有人来查票，而查票的概率非常小。他坐了一段时间觉得逃票是非常安全的，因为查票的可能性是万分之三。于是，他成功地逃票了很久，而被抓到的三次他觉得可以算作偶尔的失误，是完全可以忽略的。但是万万没想到的是他找工作时居然碰了无数次壁，那些公司都是刚开始时很热情后来就没有音信了。

于是他跟进了一个 HR，想知道原因。那位 HR 告诉他，他的各方面都很优秀，但在国家系统里发现他有三次乘车逃票的行为。这个系统在西方是很常见的。不管你是交了房租，还是欠了钱，系统里都有记录，买票乘车也是其中的一部分。

HR 认为：刚来的时候有一次逃票是完全可以理解的，可能是忘记带钱了。但是后面的第二次，第三次呢？这恐怕就不是偶尔的失误而可能是个人的品德问题了。公司看重个人才智，但再好的才智也不能抵消道德上的短板。

三次逃票的经历几乎断送了他留在国外工作的可能，于是他只好回到台湾。给大家分享完这段经历，他引用了文艺复兴时期诗人但丁的一句话结尾："道德常常能填补智慧的缺陷，而智慧却永远填补不了道德的缺陷。"

我在学术研究中发现，道德和智慧完全是相辅相成的关系。如果想要得到智慧，道德是必不可少的。这听起来是很遥远的两个概念，但慢慢地你会发现它们之间紧密的关联性。

那么，如何才能获得更大的快乐和幸福？那些一天到晚研究厚黑学、人品差的人是没人愿意与其做朋友的，太危险了。而没有朋友的人是不会幸福的。亚里士多德告诉我们：道德是幸福的一个必然条件。我在准备一门名为"快乐的智慧"的课时发现：如果想要真正地获得长久的快乐和长久的幸福，道德是一个必要的保障。也许现在由于没有那么多的社会经验和阅历你还感觉不到，但以后随着年龄的增长你会越来越有感触，也会越来越认同该观点。

1.3 与你我息息相关的伦理问题

我在商学院教了十几年的 EMBA 班，为什么现在要花这么多时间来准备一门看似离我们很遥远的伦理课程呢？

因为中国的商业伦理问题已经很严重了。刘军宁教授曾说，中华文明到了最危险的时刻。他自嘲地说，我们中华民族的化学水平比起全世界水平高出很多，因为我们在食物里面普及了化学常识，例如我们在火锅里认识了福尔马林；从大米里认识了石蜡；从火腿里认识了敌敌畏；从蜜饯里认识了硫黄；从木耳里认识了硫黄酸；从咸鸭蛋、辣椒酱里认识了苏丹红；三鹿奶粉也让我们知道了还有种叫三聚氰胺的东西可以替代蛋白质。现在大家出门吃的很多东西都让人不放心，不确定在哪儿吃的东西是安全的。而我有两个女儿，我希望当她们长大了在大陆生活或旅行的时候，她们可以不用像我现在这么警惕。

在很久以前，空气是清新的，大米是没有毒的，药是可以治病的。但我们的经济越来越发达，GDP 越来越高，家庭越来越富裕，而我们的生活却越来越充满危机。

这是一场商业伦理的危机，作为一名教育工作者，我觉得我有这个责任让中华民族变得更强大、更令人尊重。

在国外旅行的时候，经常有人问我的一个问题就是“Japanese or Korea？”，那时我总是会自豪地说我是中国人，并为此特别约束自己的行为。那些年我去遍了七个大洲，其中的很多地方是中国学生还没有踏足的。很希望我这个第一次出现在那里的中国人和其他更多的中国人的行为举止为他们留下一个好的印象。当他们再碰到亚洲面孔时，能首先想到的就是"Chinese？"，你是一个中国人吗？

因为我十分赞同马丁·路德·金的观点：一个国家的繁荣强大，不取决于它的GDP排名第几，也不取决于它的军费开支有多大，也不取决于它的公共设施之华丽，而在于它的公民的文明素养，即在于人们所受的教育，人们的远见卓识和高尚的品格。这才是国家强大的最重要特质。

我的梦想是在有生之年可以在讲台上为我的祖国做些事情，让她变得更强大，更受人尊重。只有她变得强大，变得受人尊重，我们才会受人尊重。更重要的是我们的未来生活、我们孩子的未来生活才有可能更安宁，可以在这一片美丽的土地上自由地呼吸，饮食，生活。

1.3.1 伦理和企业长青的关系

其实我一直在讲伦理，讲我们怎么能够不伤害别人，带给别人利益。带给别人利益我们才能获得利益。为什么还有一些企业不讲伦理呢？这是因为他们觉得不讲伦理得到的东西会多一些，觉得眼前的利润最重要。实际上呢，从长远来看，有时候追求利益的原因反而伤害到了唯一可以让他们长久赚钱的来源。利益来自你可以带给客户利益，结果你伤害了他。

大家可以想一想：如果你被一个商家照顾得特别好，你会不会到处跟人说，大家肯定会觉得你有病啊，这跟我有什么关系。

但如果你被一个商家欺负了呢？你到处说的结果是什么？ 2003 年有一个关于社会责任和伦理方面的调研：如果一个企业在伦理道德上有了消极的举动，比如用了童工、用不诚信的方式对待客户或员工，如果被公开了的话，有 91% 的人会拒绝再去购买这家的服务，有 85% 的人会把这个负面的消息告诉他的家人、朋友。并且，83% 的人会拒绝投资这家企业，80% 的人会拒绝为这样的企业工作。也就是说，一旦你的企业陷入伦理的负面消息中，你伤害到了客户，伤害到了员工，伤害到了社会，结果一定是灾难性的。这也是从负面的角度告诉我们，如果你不从利他的角度去经营企业，一定不会长久的。

我们再从正面的角度看看利他的企业会怎么样。2002 年，美国德保罗大学的两位教授做了一项社会调查，关于社会责任、商业伦理与公司业绩的关系。他们用《商业伦理》杂志评选出来的全球 100 家最佳企业和最遵守商业伦理的企业公民，跟普通的各行各业的平均水平作比较。他们对比 1—3 年的回报率、销售增长率、利润增长率等指标，结果发现，那些价值观、伦理价值观高的企业的财务情况远远优于标普的企业，指标高出百分之十。这个数据就很好地揭示了商业伦理和企业的关系。作为一个老板，作为一个企业管理者，我们一定是看长期的利益，而长期的利益和商业伦理是高度关联的。

我们再来看另外一件事情，老板都不希望自己的公司出问题，都希望基业长青对不对？但使企业基业长青的东西是什么呢？是创新能力、营销能力，还是企业的使命、愿景、价值观？2006 年美国詹姆斯·柯林斯和杰里·波勒斯撰写了一本《基业长青：企业永续经营的准则》，书中专门关注了那些存活了很长时间的企业和那些同等规模的活了很短的企业之间的不同。他们发现了一种超越于经济因素的、更加高尚和理想主义的核心理念存在着。这个更加高尚的理想主义的东西是什么呢？我觉得就是利他。为什么会有人想去害别人呢？因为我们有经济的考量，我们考量后会得出一个更利于我们自己短期利益的决策。如果你的企业想活得长久，你企业的愿景和价值观一定是高于那些平均的企业的。

我给大家看两个案例。一个是强生的泰诺危机，一个是必治妥的艾西特灵，这两家公司当年在美国都是做得很好的龙头企业，旗鼓相当，但强生一直做到现在，而必治妥已经不存在了。强生有一个特别出名的泰诺事件，当年强生的泰诺止疼片已经占据了超过 35% 的市场份额，有一次，有七个人因为服用了被恶意添加了其他成分的泰诺止疼片而死亡，却被故意报道成了上千人因止疼片死亡。这时候强生公司立刻站出来说："我们要对我们的病人、病人的家属和我们的价值观负责，价值观不只是写在墙上而是在我们的行动当中。"随后，强生公司花费上亿美金召回了卖出去的所有胶囊，又花了五百万美金对胶囊重新检测。最后，通过一系列的措施去追查，发现是一名精神病患者只对 75 颗胶囊做了手脚，别的药并没有问题。为了这 75 颗有毒胶囊，强生公司主动承担了 1.5 亿美金的损失。必治妥公司也曾面临着同样的问题，也是药品被做了手脚，但必治妥公司的董事长做出回应说："我们只在局部小规模地处理这个事情，缩小影响，我们妥善的处理才不会对公司的盈利有任何影响。"

同样的事情，强生花了 1.5 亿美金来对客户负责，而必治妥却只考虑公司的盈利情况。强生公司到现在依然存在着，而必治妥却早就消失在人们的视野中。所以从这两个案例来看，是什么东西让企业活得长久？答案不仅仅是经营者的能力、管理制度的运用，或决策人有多精明。更重要的是企业的价值观，是经营者的价值观，是企业能不能在盈利的同时不为了一点小利润而伤害到消费者。

1.3.2 伦理与你终身的快乐

每个人都在追求快乐，没有人会想要痛苦，我们做的所有事情都是为了这辈子能够快乐。

我们可以试着把整个的时间往后拉一拉，把时间变得更长，看向更遥远的未来，而智慧很重要的一点体现就是我们不只看到眼前，为眼前的事情而努力，而是能够看到、想到更长久。为什么要把时间往后推呢？因为人具有很多很多的可能性，人和动物的最大区别就是我们有能力思考以后的事情，我们能够预先知道很多事情的原因和结果。甚至可以说，所有的伦理学问题从短期看来都是毫无意义的，甚至是毫无逻辑可言的。只有当你把时间延长了以后伦理学的价值才会充分地显现出来。

下面我们一起思考几个问题。你觉得刚工作的时候什么因素会令你感到快乐？相信大部分的答案都是跟工作相关的：有好的工作机会、工作晋升等。那么，你觉得怎样才能从成百上千万的人当中脱颖而出呢？是你的知识面广，还是你的成绩特别好？是你有各种各样的丰富的实践经历，还是你这个人好相处？或是你的价值观得到认同？我想大部分人选的是和我们关系比较近的成绩和学识吧。其实，真正的答案会让大家很抑郁。

我记得我当时在天津医科大学学医时，有一帮出生入死的兄弟，一个班的，也一起在学生会，以至于我毕业之后回校也是住在他们宿舍。在毕业十年后的聚会里说起了一件事情，那是在他们毕业实习时，因为在外地，钱总是不够花，又因为实习的地方离住的地方有点远，所以习惯性地就选择了逃票。但南方查票的售票远比北方要查得严格，有一次他们就被一起查了。因为都没带够钱，实在没有办法，他们就让一位既是学生会干部又是班干部、一直受大家信赖的同学先回去带钱来。但是这位同学一直到很晚都没有回来，于是这帮同学只能在一个公交车的站点办公室里面被乘务人员一直“教育”：看看你们都做了什么，交了些什么朋友！也因为这件事情，毕业五年、十年的聚会里，几乎所有的同学都排斥他，没人邀请他来。大家回忆起来的都是曾经欢快的事情和被背叛的事情。

这件事情回想起来就觉得有些不可思议，不过就是一件小事，你们被抓了而我跑掉了，没有伤天害理，顶多就是不仗义，而这件事的结果就是整个在大学建立起来的友谊情感一笔勾销了，多少年以后大家聚会一说这个人没有来，就会记得这件事。

这个事的意义，就是带着大家往后看一看多少年以后我们会记得什么。所以当我们希望有一份好工作，有很多的好朋友和很多快乐的时光时，我们一定要做一个靠谱的、值得信赖的人，当你不值得信赖的时候，想想你周围都是些什么样的人，你失去的是什么。

在我们那个年代，毕业以后可以自己找工作，也可以给分配工作，但分配名额有限，且那时候是没有期末考试的，很多的事情都决定着你是否能够分配到好工作、留在本地等。而那时候为了得到好工作，很多人性的缺点就暴露出来了。所以想想我们人为什么会有的时候不讲伦理道德呢？一定是做了这个事是值得的、是赚的。所以那个时候能干的同学都是在到处联系单位，争取好的去处；而还有一些同学呢，没有能力通过单位面试拿到工作机会，就通过个人关系、跟班主任的关系、跟系里的关系、跟学校的关系等找工作，就有可能把别人通过努力拿到的公司指标、留校指标给截下来。有的人四五年的同窗好友就因为这个举动在以后的五年、十年都不来往了。其实第一份工作也不是那么重要，甚至也不算什么大事，但是，就是如此小的事情，你在决策的时候居然失去了一个人很重要的诚实和信誉。也许有的时候是家长替你做的决定，但其他同学看不到背后的事情，多年后回忆的也只是当年发生了什么，谁被谁顶替掉了，谁因为谁流落到很远很远的地方失去了很多的机会，而做这样的事情的人是如此的恶毒。

很多时候，我们觉得可以拿自己的信誉来博一把争取到在很多年后看起来如此不值得的事，其实不尽然，因为我们生活在一个社会环境里，我们都有一个做事的准则，那就是伦理。而伦理有时候会让我们吃点小亏，不遵守的话却可以占点小便宜，而实际上这点小便宜在若干年以后是没有意义的。如果能重新选择，很多人都不会做同样的选择。

我们再沿着时间往后看。无论我们能把事业做得多么轰轰烈烈，总有退休的时候。当你快退休的时候，什么因素会令你感到快乐？

我在各大高校的商学院教了几十年 EMBA，遇到过各式各样的企业家学生，其中有一个同学令我印象特别深刻，他的企业做得特别成功，他曾跟我们说："其实这个钱挣到后来真没有什么意思，甚至感觉后面多一个 0、两个 0 都跟我没有多大关系。我最快乐的时候是花 10 万块钱买了第一辆车——大众吉普，跟我老婆坐在里面听音乐的时光。"那句话很真实，因为我当年去加拿大留学时花 600 多美元买了一辆二手车，也喜欢跟我老婆一起在里面听磁带音乐，那种快乐至今都记忆犹新。后来他的公司被收购了，一下子拥有了几亿元的资产，花上百万元买了自己喜欢的汽车却一点感觉都没有，就是"要买？去吧""拿回来了？开吧"，完全没有感觉，才发现钱越多时越难买来快乐。他还特别惆怅地跟我们描述了一件事情：在他刚刚起步的时候，曾经为了挣一个单把自己一个特别要好的哥们儿狠狠地坑了一把，坑的那哥们儿家破人亡。他泪流满面地跟我们说："我这辈子最最遗憾的事情就是我现在再也找不到他了，我没有办法能够找到他，跟他说一声对不起，没有办法把我当初欠他的补偿给他。十倍百倍上万倍我都愿意赔给他，可我找不到他，我再也没有机会了。"这就是当你相当成功之后会极其后悔的事情，不是你多挣少挣了多少钱，而是自己的良心放不放得过自己。

我们再把时间往后看看，当你到了垂暮之年，这辈子就要过去了，行动不便，白发苍苍地坐在那里望着远处的时候，什么东西会让你快乐，什么东西又会让你后悔呢？这个问题你越早思考越对你这一辈子选择做一个什么样的人有好处。

日本有这样一位年轻的临终关怀护士大津秀一。他在亲眼目睹、亲耳听到 1000 例患者的临终遗憾后，写下了《临终前会后悔的 25 件事》一书。书中总结的头五件事情是：第一个遗憾，没有做自己想做的事；第二个遗憾，没有实现梦想；第三个遗憾，做过对不起良心的事；第四个遗憾，被感情左右度过一生；第五个遗憾，没有尽力帮助过别人。这五件事情中有两件都是跟别人有关的：做过对不起良心的事，没有尽力帮助过别人。而头两件可以归结为没有实现自己的梦想，没有跟着自己的心走，但当我特别早就实现了自己的梦想的时候，我就发现物质上的梦想其实都是浮云，真正重要的是我们身心的安宁，是听从自己内心的声音。我们每一个人都要有一个强大的、善良的心，我们叫它良心。我们做过多好的多大的事情我们都会逐渐忘记，但只要是对不起良心的事情，多小的事情我们都会深刻地印在我们心里。那也是临终时我们一定会后悔的事情。

你想得到幸福吗？古希腊哲学家亚里士多德说："道德是幸福的必要条件。"对于亚里士多德而言，诸如仁慈、慷慨、诚实、正义等德行都是过美好生活所必需的。如果一个人缺乏道德素养，绝对不可能享受一个美好的人生。

著名诗人席慕蓉有一首诗《无悔的青春》，我到了现在的年纪再读它时感触特别深刻，这首诗不仅是在描述面对爱情，更是在描述我们面对身边所有的一切该有的态度。我非常希望大家能通过这本商业伦理书感悟到我们漫长的人生过程之后的样子，更希望大家能一生都带着一颗了无遗憾的心，拥有无数美好的回忆：我这一辈子帮助过多少多少人，而不是怨恨多少多少人或为多少事感到遗憾。我始终觉得，我们这一生所做的所有事情的最终目的就是自己走到更高处，把自己的灵魂变得更加高尚一点。

无悔的青春

席慕蓉

在年轻的时候，
如果你爱上了一个人，
请你……
请你一定要温柔地对待他。

不管你们相爱的时间有多长，
若你们能始终温柔地相待，
那么，所有的时刻都将是一种无瑕的美丽。

若不得不分离，
也要好好地说声再见，
也要在心里存着感谢，
感谢他给了你一份记忆。
长大了以后，
你才会知道，
在蓦然回首的刹那，

没有怨恨的青春才会了无遗憾，

如山冈上那轮静静的满月。

第二章

道德的起源与伦理学的本质

2.1 道德起源

2.1.1 道德起源：湿猴实验

道德的拉丁文是 mores，单词 more 加后 s。那么，道德来自哪里？为什么我们需要道德？什么时候我们可以不再需要道德？

什么情况下可以随心所欲完全不管道德呢？不知道大家有没有看过《鲁滨孙漂流记》，假设你一个人在荒岛上，没有其他人，这时候你可以不穿衬衫出门，甚至可以不穿裤衩。在这里你可以随心所欲不遵守任何道德，因为这里不存在任何不道德的问题。但是，假如这个地方不止你一个人，而是有几个人跟你在一起呢？

历史上有一个著名的动物实验，可以启发一下大家的思维。这就是 1967 年学者史蒂文斯·戈登（Stephenson Gordon）的湿猴实验①，之后是加里·哈默尔（Gary Hamel）教授在他的《未来竞争》著作中提到的。假设有五只猴子关在一个笼子里，在笼子的角落有一架梯子，梯子上面放了一串香蕉。实验的机制是：当猴子爬上梯子触碰到香蕉的时候，香蕉下的底盘就会触发一个开关，水就会喷下来，整个笼子都会被喷湿，除了梯子处。也就是说，当一只猴子爬上去拿香蕉时，其他的猴子就会被水喷。

---

① Stephenson Gordon. R. (1967), Cultural acquisition of a specific learned response among rhesus monkeys, In：Starek, D., Schneider, R., and Kuhn, H. J. (eds.), Progress in Primatology, Stuttgart：Fischer, pp. 279-288.

学者把实验做得很完美，猴子并不知道他们是在笼子里，仍然自由自在地生活着。看到香蕉，猴子的第一反应就是窜上去拿，当它碰到香蕉时喷头的水就会浇下来，只有这只猴子吃到了香蕉，其他的四个猴子都被淋湿了。其他的猴子刚开始还不明白为什么，当每一只猴子都爬到梯子上拿了香蕉都发生这样的事情后，这五只猴子渐渐明白了。在寒冷的笼子里总是被淋湿是非常不舒服的。于是五只猴子达成了共识：咱们都不去拿香蕉了。于是，一件大家约定俗成的事情产生了。如果有猴子忍不住，凑到梯子旁边，很快会有另外的猴子过来劝阻。

我们现在管它叫作禁忌，大家都觉得这件事不应该做，做了就会有不好的事情发生。但是有趣的事情在后面。实验员把其中的一只猴子放出去，换了一只新猴子进来。新猴子还是原来的猴子习气，看到熟悉的香蕉一下就窜上去想拿香蕉。当它窜过去的时候，其他的猴子都试图去拦它，可惜拦不住。于是四只猴子合起来把新来的猴子暴打了一顿。新猴子刚开始不明白为什么会挨打。又试了好几次，刚过去就被暴打一顿，慢慢地这只新来的猴子学乖了，老老实实地跟大家在一起，不再去碰那梯子，也不再想拿香蕉了。

当实验再往前进展一步，四只老猴子中又被换掉了一只。新来的猴子依然像之前的新猴子一样想去拿香蕉，结果大家又一拥而上揍了新猴子一顿，而且上回被打过的新猴子揍得最狠，于是这只猴子都不用三次就学乖了。慢慢地，所有的猴子都被换成了新猴子，香蕉依然在那里，水龙头再也没打开过，但大家依然不拿香蕉。

这个故事给大家的启发是什么呢？拿香蕉吃是猴子的本性，但是因为一群猴子在这里，为了不淋到水，不去拿香蕉便成了一个大家约定俗成的共同的事情。于是道德就产生了，在一种集体的记忆的基础上。我们也会管它叫习俗、传统。其实道德的本身是为了什么？表面看起来是为了不挨打，而为什么大家会去打别的猴子呢？为了保护自己的利益。但这不是最终的目的，最终是为了大家共同的利益——不被水淋，于是就流传下来了一些被大家所共同接受的、愿意共同遵守的规则，于是就有了道德。

2.1.2 伦理学史上对道德起源的争论

其实道德对任何一个个体来说都有正反两个作用，一方面是限制作用，限制作用的背后是对它的保护性。可以说，所有的道德对于在群体中生活的个体都有限制性和保护性。

科学家、哲学家和伦理学家研究道德的起源时，有很多的争论。整个的伦理学史上对道德起源的争论，一个是主体论，另外一个是客体论，主体论又包括两个分支。

所谓的主体论，是伦理道德学家们从主体的内在寻找道德的根源。他们发现道德的根源来自两种可能性，一个是动物的本能，还有一个是天赋。

动物本能理论的代表人是达尔文，达尔文从进化的角度发现：凡是群居的动物，都会形成一些约定俗成的道德及道德的原始观念。而道德天赋论的核心代表人物是康德。康德认为我们每一个人的内心深处，与生俱来就存在着道德观，这是我们人生来就有的。康德管它叫绝对的命令或绝对的义务。宋代大儒王阳明，他的“致良知”也是告诉我们，其实我们人的本心都是善良的，我们本来就有尊崇道德的良好的愿望。

客体论是完全不同的观念，他们认为道德的主体之外另有根源。主要代表就是宗教的神启论，认为道德的根源是天，是神。这个理论在很长时间被很多人所接受，比如我们看到的基督教的旧约里的摩西十诫，被认为是摩西与神的沟通，神的旨意由此在人间传播。

东方儒家的早期思想也属于神启论，比如孔子说的“天生德于予”，就认为我们的德是上天赋予的。西汉董仲舒的“王道之三纲，可求于天”也认为，所有的伦理道德、三纲五常都是来自天上。

历史上这三种不同的观点一直争论不休，但在我看起来，这三种看似有不同的根源，其实实际上并没有根本的矛盾。从动物本能论或达尔文的进化论都很容易理解湿猴实验——大家为了共同的利益而产生了共同的伦理道德。另一方面，从天赋论来看，当科学家不断地换猴子时，也许某一只猴子就是曾经在笼子里待过的，它一进来发现了那里还有香蕉，也知道香蕉是不能拿的。

康德的理论里最有趣的就是他的《纯粹理性批判》。他提出：先验是先于经验就有的，这是天赋论。另外一类客体论或神启论呢，也很简单。在笼子里的猴子是什么都不知道的，但是笼子外面的人或设计这个实验的科学家，他知道会发生什么。如果他跟猴子沟通的话，神启论就出现了。所以是在不同的角度看到不同的东西，在我看来他们都是一致的。

那么，道德的本质是什么呢？我们的存在不是一个人而是一群人，一个人有一个人的利益，一群人有一群人的共同利益。当我们考虑到道德的时候，实际上在把我们的视角延展到个体以外的更多的人。

2.2 伦理学的本质：道德、法律与伦理的关系

2.2.1 湿猴实验的延伸：法律的出现

湿猴实验我们可以再往前延展一下。假如这群猴子们一直在笼子里过着幸福快乐的生活并不断地往前进化，于是语言出现了，文字出现了，它们的沟通方式变得更加有效了。这时候该如何修改实验规则呢？怎样可以用最节省体力、最有效率的办法禁止新来的猴子去拿香蕉呢？

其实一种可能性就是专门委派一只德高望重的老猴子告诉那些新来的猴子们应该怎么做。这样的话，先知出现了，哲学家出现了，智者出现了。但是，这样的安排显然不高效，因为并不是每一只新来的猴子都那么听话，不听话的猴子就会制造麻烦。怎么办呢？一个最简单的办法就是在梯子旁边贴一个牌子，告诉大家为什么不能去拿香蕉。这样事情就很简单了，不需要使用暴力，也不需要苦口婆心地去讲道理，新来的猴子自然不会去拿香蕉。一道条文出现，大家想办法共同遵守。于是道德往前延展了一步，法律出现了。从规范形式上来说，都是从原始的道德、原始的记忆变成习惯再变成文法，有了法律的条款。如此，就不用每一次都重复一遍跟新猴子讲道理，于是，我们的效率越来越高，社会也越来越有效率。

2.2.2 人类原始的道德：关于婚姻的禁忌

从道德到法律的起源，人类的发展几乎都是这么走过来的。任何一个个体一开始都不想受到约束，比如男欢女爱，其实也是一样，人类的婚姻制度和道德规范就是这么来的。最开始的时候，我们是群婚制，没有任何的限制，任何情况任何时间任何地点，双方看对眼了就行。但是，当时间因素慢慢累积，人们渐渐发现同一族群通婚诞生的孩子会有一些生理上的问题。古人意识到这件事情，就有了“近亲通婚，其生不繁也”。于是我们从血缘的群婚制度变成了亚血缘群婚制，而亚血缘群婚制意味着我们有了族群，有了种族。于是，外婚制开始让生产力更加发达，人类文明得以一步步地往前走。

这就是禁忌之下成立的道德：如果你不这么做，就会有老人们给你讲道理；再不听，大家就会暴打你一顿。到了现代，中国《婚姻法》的第七条就明确规定了直系血缘和三代以内的旁系血亲禁止结婚，不允许登记。这似乎就像湿猴实验里那个喷水的装置一样。古代人们并不知道真正的原因是什么，只因为近亲不通婚对大家有好处，大家都愿意遵守。随着 DNA 分子生物学的进步，我们才意识到近亲之间由于相近的血缘、相似的 DNA 会导致后代出现各种病理缺陷的概率增加。

实际上，每一个道德和法律的背后一定是有原因的。在当时的情境下，由于我们没办法完全地了解背后的原因和道理，于是大家约定俗成以道德的形式或以法律的形式固定下来。

2.2.3 道德与法律的关系

法律成文后为什么还需要道德呢？因为法律和道德是没法真正分开的。其实，道德和法律是一体的。过去很多的道德准则随着时间的流逝慢慢变成了法律。遵守法律就像遵守道德一样，对人是有一定的约束，但更多的是保护，对个人的保护性和对整个群体的保护，公务人员在执法的时候也是需要道德的。

法律是最低级的对人的约束，而道德是在法律的基础上更高一层的约束。

有两个真实的案例。1964 年的 3 月，纽约的皇后区，一个叫 Kitty 的妇女在家门口被歹徒刺死。令人悲愤的是，当时天还不是很黑，周围有她的 38 个邻居。有的听到了她的求救声，有的甚至目睹了全过程，但是没有一个人采取行动帮助她。

还有小悦悦事件，一个小朋友被车撞倒在地上，18 个行人从她身边走过，但没有一个人选择停下来伸出援手，一个小生命就这样在众人的冷漠中慢慢消逝。人们的冷漠固然让人齿寒，但谁能说这些选择不帮忙的人是在犯法？除了第一个撞倒她的司机属于肇事逃逸，后面的行人是遵纪守法的，毕竟受害者对于他们而言是没有任何关系的陌生人。

还有一个真实的故事。2010 年 9 月，一名林姓退休男士深夜开车回家时，在距家门口 300 米的地方撞到了电线杆，身受重伤，困在车里。他儿子下班时从旁边路过，但他习惯性地离得远远的。因为不想招惹是非，他没有伸出救援之手。当他回到家发现已经很晚了而父亲还没有回来，于是他赶回了现场，但是此时已经晚了一步，父亲在送去急救的途中已经不治身亡了。

通过这个故事我们可以看到，即使是一个人人都遵守法律的社会也可能变成一个冷漠的社会。也许在法律的基础上多一些道德才能让大家生活在一个充满人情味的社会。

如果说这些都是别人的故事，那么当我们自己是当事人的时候，你会怎么办呢?

当足球联赛明天就开始了而你特别想去看，但那是上班时间，所以你就找到了医生编造出一些症状并开具了医院证明，最后由保险公司来承担医疗责任。你觉得这件事情是道德的吗？是守法的吗?

另一个场景，你去买咖啡时不期而遇了一个在竞争对手公司任职的销售代表，你们聊着聊着就聊到了未来产品的定价上。于是回到办公室你就把听到的事情很忠实地分享给你的老板。你觉得这个做法是不道德，还是不合法呢?

再一个场景，你被公司炒了，在离开公司时你将所有的公司客户名单和联系方式都带走，留给自己以后用。你觉得这个行为是不道德的，还是不守法的?

最后一个场景，你的老板为了让这个季度的销售成绩变得好看一些，于是要你将下一季度的营收转到了这一季，你犹豫了一下还是照做了，你觉得这个行为是不道德，还是不守法呢?

大家可以对比一下自己的选择。如果让一个法律专家选择的话，答案会令很多人吃惊，这五个行为其实并不只是不守道德，而是全都是违法的。你会发现原来守法也这么难。其实我们任何一个人都很难把所有的法律条款搞清楚。那么在什么情况下，我

《漫画稻盛和夫领导者的资质》

理解稻盛哲学和经营实学的入门书、突破领导困境的指南、打造优质领导的成功心法。

《漫画稻盛和夫的哲学》

《活法》漫画版。理解稻盛哲学和经营实学的入门书、改变年轻人“心”思维方式的成长之书

《图解生活中的行为经济学》

揭示人们的非理性行为，改变错误认知从而做出合理决策。

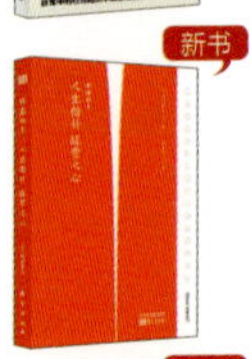

《稻盛和夫：人生指针 经营之心》

一书三用！多功能图书，一日一句稻盛金句 + 笔记本 + 装裱 / 书签，送给自己或亲友、员工的最佳礼物书

《德是业之基：当代日本经营之圣稻盛和夫的经营哲学》

10 篇稻盛和夫演讲稿、多篇中日企业家学习稻盛经营哲学的心得体会、多篇知名学者对稻盛哲学的研究评价，国内较早正式出版的传播稻盛哲学的专著再版，本书将指引您深入领悟稻盛经营哲学的真髓。

《阿米巴经营导入手册》

以引进阿米巴经营的三家企业为例，阐释何谓阿米巴经营、该如何引进和运用、导入前后发生的何种变化，清楚勾勒出阿米巴经营导入的路径。

《京都百年企业的经营秘诀》

传承匠心，传承事业，直接取材于 20 家京都独具特色的家族百年企业，揭示让企业持续经营 100 年的三大秘诀。

2.3 伦理学的开始：智者和先知们的游戏

2.3.1 湿猴定律的启发与延伸

回到湿猴定律，我们来探讨一下伦理学的本质。从社会定律里我们发现，大家之所以会约定俗成一些禁忌或道德伦理规范，它背后一定是有逻辑的。

所有的存在都有合理的因素。那么这些因素是不是只存在于猴子与猴子之间呢？之前我们对伦理学也有一个片面的定义——伦理是同类之间的。但是在湿猴实验中，猴子与猴子之间是互相约束的，但也有超越于猴子的来自外界科学家的因素。再想想婚姻，对我们的婚姻有约束的是我们的两条 DNA 如果碰在一起会出现问题。所以伦理学的本质，并不只是同类之间的关系，而是超越于同类之间的一种约束。

所以，很有意思的事情是伦理在中国最早出现的时候并不是指人与人的伦理。在《礼记》中伦理指的是音乐，原文是："凡音者，生之于人心者也。乐者，通伦理者也。是故知声而不知音者，禽兽是也。"古人认为，一切的声音源于心，乐来自万事万物的道理。所有一切的音乐都是出于自然，你如果不懂这些道理，那无异于畜生。

在中国的伦理道德中，从来不把伦理直接地提出来。比如，《道德经》中"人法地，地法天，天法道，道法自然"一句；再比如，古圣人云："天之无道，不成天；地之不道，不成地；人之无道，何成人也？"都是认为做人的道理并不只是人与人之间的道理。所以，古老的东方智慧对伦理的理解是对于万世万物之道，这个道包含了为人之道。"王"这个字的笔画特别有意思，是三个道中间一竖，合在一起为王，三道分别代表了天道、地道和人道。

只有通人道，有大智慧者才能成王。所以，柏拉图在《理想国》中表示：王应该是哲学家，是智者。而湿猴实验背后的定律，并不是猴子跟猴子之间能够理解的，只有超越于猴子之间的关系，有智慧的哲人才能够理解。

沿着湿猴定律我们再往前思考一下：如果最开始的时候定律很成功，我们只知道一个笼子里的五只猴子都会自然而然地遵守约定俗成的禁忌。经过不断的进化，猴子具有了语言能力、文字能力和逻辑的学习能力后，实验也从原来的一个笼子变成了很多这样的笼子合在一起，就像我们现在的社会。于是呢，里面就会有更多更复杂的禁忌和道德，不只是拿了香蕉会被淋而已。那么，在这么一个复杂的体系里，一只新来的猴子如何才能以较低的成本，不被打以后也不用暴打别人，去了解到这些对大家都有意义的道德习俗呢？

当我们来到一个新的环境时也需要面临这样的问题：如何以最低的成本了解对大家都有益的道德习俗？

这就需要你想尽各种办法找出那些道德习俗。最简单的办法是了解法律，其次，需要一个可以帮助你的，能记得以前所有事情的"老猴子"，我们管它们叫智者或先知。还有一种就是当脑子记不了那么多条款时，更聪明的办法就是找到这些习俗背后的逻辑，找到所有习俗背后的原因。所以我们要从那些聪明的猴子那里，和记载着以前聪明的猴子的文字里发现一些规律。假如我们能够找出这些规律，那我们自己也会变成一个聪明的“猴子”。

当我们变成聪明的猴子时，也许就可以不用被别人暴打，就可以把日子过得很轻松很愉快。你了解道德的过程也是一个走向自由的过程。而更高的层次是你跳出那个笼子，获得智慧的自由，以科学家的身份或者可以说是站在上帝的角度来思考问题。到那时，你还会受到任何习俗的约束吗？

2.3.2 伦理学与哲学

哲学的英文是 philosophy，phi 加上 losophy，意思是爱和智慧合在一起。而我们很多人管哲学叫爱智慧，喜欢智慧的意思。

但是我认为这是一个误区，不应该是爱智慧，应该是爱和智慧。在我看来，哲学家都是喜欢智慧的，但顶尖的哲学家几乎无一例外对爱也很感兴趣，哲学就应该是爱和智慧的结合。

那么伦理学和哲学又是什么关系呢？伦理学是哲学的一部分。在哲学被分化以后，伦理学被分成了另一个学科，而哲学也被分为三个不同的部分：本体论、认识论和价值论。

我非常喜欢琢磨哲学，曾经专门在欧洲待了半年时间身临其境把整个的西方哲学史梳理了几遍。我欣喜地发现，其实哲学很简单，哲学就是我们人类思想进步的一个过程，哲学史几乎是各种学术合在一起描述着人类的进步。而这个进步的过程跟动物或者人类个体认识世界的过程几乎是一样的。

哲学的三大部分

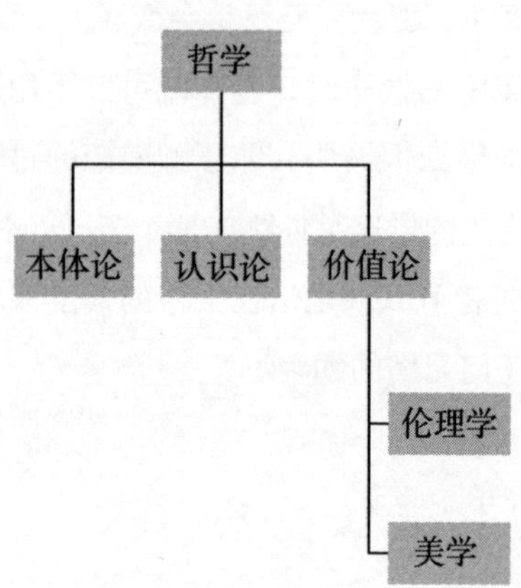

本体论是什么呢？本体论是研究世界的本原问题。简单说来就是研究世界是什么样的。一个刚刚生出来的小朋友，吃饱喝足后开始到处乱爬，到处看，他在了解这个世界，这是他的本体论。后来呢，他爬到了镜子前，他很震惊，这里面那个跟自己长得一模一样的是谁呢？于是开始有了“我”的概念以及“我”是怎么认识这个世界的，而认识论由此开始出现。再往后呢，小朋友开始有朋友了，要跟大家交流接触了，他的行为有时候会被表扬，有时候会被批评，开始意识到跟别人之间的关系时价值论和伦理学就出来了。所以哲学的发展过程就是一个小孩的成长过程，而伦理学就是成长到一定地步，开始跟周围发生关系以后出现了。在哲学的发展史上有两大高潮，其中之一就是古希腊哲学时期。

古希腊初期的哲学家就像婴儿一样对我们存在的世界的本原问题非常感兴趣，用我们常见的分类方式，初期的哲学家们几乎都是唯物主义。但是很可惜的是，后来唯物主义慢慢发展成了享乐主义。

2.3.3 先哲们的伦理学

古希腊哲学高潮是因为一位真正的哲人——苏格拉底的出现。他没有留下很多文字，但不可否认他是一位禅师，他以各种各样的方式说教，来引发人们的思考，他也是第一个被我们称为唯心主义的大家。

在早期的唯物论之后，唯心主义渐渐变成了哲学史上的主流，而古希腊哲学鼎盛时期的哲学家几乎都是唯心主义。苏格拉底时时刻刻在跟大家辩论他是什么，他不断地用提问的方式来引发大家思考，开启大家的智慧。而关于他的文字都是他的学生柏拉图留下来的。所以如今我们很难区分苏格拉底和柏拉图他们各自的哲学思想。但是苏格拉底和柏拉图的哲学思想都可以用三个字概括：真、善、美。

真是哲学的本体论，善是我们现在的伦理学，美是美学和文艺。所以先贤们认为伦理学是科学和哲学非常重要的一部分，是关于爱的学问，所以他们把真、善、美统一在一起叫什么呀？叫作最高的善。

最高的善是什么呀？它是真的，是善的，也是美的。柏拉图创作了一本著名的著作叫《理想国》。《理想国》里头就有这样的伦理思想，他建立了一个道德的形而上，或者说最高的善，最高的善是什么？就是真、善、美为一体。

伦理的核心其实并不只是人与神之间的关系。还包括了人跟整个自然的关系，就是真，也是善，而真和善的东西怎么样呢？它必然就是美的。在我的思想体系里，科学、哲学、宗教最终都会融在那一点，那一点是美的，是善的，也应该是真的。

时间再往后推移，亚里士多德出现了。在这张《雅典学院》壁画里，亚里士多德一只手捧书，另一只手的手掌向下。这两个手势很重要，隐喻着作为哲学家的亚里士多德更像是一位脚踏实地的科学家。

亚里士多德可以说是古希腊哲学家中最博学的一位。以前的智者，包括科学家在内，都被称为哲学家，他们都力求提出一个完整的世界体系，来解释自然现象。而亚里士多德应该是最后一个提出完整世界体系的人。在他的著作里包含了非常多的学科，例如，物理学、诗歌、戏剧、音乐、生物学、动物学、逻辑学、政治，以及伦理学。在他以后，许多智者放弃提出完整体系的企图，转入研究具体问题。

虽然善和爱一直以来都是哲学家们的核心研究部分，但是亚里士多德却抛开了这两部分，把哲学和逻辑学提出来，成立了被他称为哲学的学科。

之后，亚里士多德又从前人的哲学中把关于善和爱的思想成果单独提出来，创立了伦理学，第一次全面、系统地论述了伦理学。他在《尼各马可伦理学》里对德行和具有德行的人做了系统、深刻、全面的阐述。亚里士多德认为伦理学是一门可以使人达到至善的学问。在他看来，最好的生活方式就是幸福，而幸福本身的最高目标乃是“自足”，即自我的完善。所以他认为幸福就是符合道德的现实活动。相反，不符合德行的活动则必然会导致不幸。关于不幸与幸福，亚里士多德十分肯定地告诉我们，想快乐就必须有良好的德行。

世人对亚里士多德的评价很高。亚里士多德在知识上无与伦比，奠定了逻辑性的基础，开创了许多现代科学的分支。尽管如此，在我看来，他并不是一位真正意义上的哲学家，他把哲学变成了科学。可以说他是“科学之父”。我觉得这恰恰是他的哲学最要命的地方，也是他哲学思想的弱点：他的知识太丰富，太条款化，太落到实处，反而失去了哲学的高度。

他把哲学变成了一系列的科学。当然，从历史的角度来说，这是一个必然发展的过程，哲学发展到一定地步必定会有自然科学的出现。但是从那以后，他花了更多的力气在自然科学上，而忘掉了一些很重要的事情。哲学是科学之母，亚里士多德应该站在更高的高度来总结所有的哲学。他应该是把科学跟哲学连在一起的人，他把哲学引向了科学。并且在他的哲学科学化过程中，他把本属于哲学的一个很核心很重要的部分——善和爱专门提出来了，叫作伦理学。大家可以琢磨一下，这是一件好事情吗？

在亚里士多德之前，哲人们的主要思想都包括了善和爱。而现在我们把所有智慧合在一起，却把其中的爱和善单独提出来，那剩下的还是完整的哲学吗？那只是哲学的一半了，只剩真理的那部分了，这也许是一件比较麻烦的事情。

本来的伦理学，爱跟智慧是合在一起的。而现在呢，伦理学脱离了智慧，只剩下爱。没有了智慧的伦理学，它是否还能健康地发展下去呢？

2.3.4 中世纪哲学的黑暗时期

历史上，哲学有一个黑暗时期——中世纪时期。在罗马帝国统一西方之后，发现意识形态很不统一，东正教、基督教、犹太教等各种宗教并存。于是他们发现了一个可以把信仰宗教的人变得像羔羊一样温顺的方法——基督教。为了维护社会的稳定，耶稣被罗马帝国的士兵钉死在十字架上，后来罗马人有点后悔了，开始试着把基督教变成罗马帝国信仰体系的一部分。于是基督教变成了国教。

基督教的教义也有很多爱的成分。随着历史往前发展，基督教教义里的伦理学和哲学可以延展开来时，有一个人做了一项非常重要的工作，那就是奥古斯丁把其中的伦理思想神学化。当时的哲学都在做同一件事情：歌颂和证明神学的正确性，证明上帝是存在的，上帝所说的一切都是正确的。

于是伦理学变成了神学的伦理思想，所有的爱，所有的道德，都是上帝的爱，都是上帝告诉我们的，是神爱。即，不用想为什么，上帝怎么说我们就怎么做。

这么做的好处是死了以后能去天堂享福。关键的一点是你光好好干就行了。众所周知，为了维护宗教的体制，当时的罗马帝国把基督教定为国教，为了统一思想，他们把哲学变成了宗教的婢女，所有一切都是为了证明其正确性。如果有谁敢挑战或质疑，就直截了当地被送到宗教裁判所。

宗教裁判所在中世纪时期是一个十分可怕的地方。

宗教裁判所是专门处理异教徒的地方，那些敢于质疑提出了新观点的人们都会被烧死。在这种严酷的思维禁锢下，没有人敢说不好、不对。但是，嘴可以封上，头可以砍下，心依然在动。在积攒了很多反抗之后，罗马帝国终于被推翻了，开始了文艺复兴。

2.3.5 从神学到物质主义

文艺复兴也叫经验论的复兴，复兴所有的哲学思想，试图逐渐地把哲学从禁锢中解放出来，回到古希腊的理性，回到还没有把神学强加给哲学的时候。于是文艺复兴彻底地把整个哲学的神学部分剥离了，但同时，也扔掉了一个非常重要的因素。

宗教里有大量的篇幅是关于人的伦理道德。而当时为了把神学彻底地从哲学中剥离出去，伦理连同哲学的仁爱和善良，一起被后面的哲学家们抛弃了。从此以后，哲学不再讨论善和伦理这种“神学”问题了。

在我看来，这时候的哲学放弃了对善的智慧的探究。亚里士多德时代，我们只是把爱和智慧那部分拿出来变成一个体系专门来研究。但到了文艺复兴时期，由于对经院哲学的厌恶，我们几乎彻底地扔掉了爱和善的部分，哲学只剩下智慧。哲学的下坡路从此开始了。

同时，文艺复兴出现了另外一个极端：从神学转到了物质主义。早期的古希腊哲学是科学家从物质主义的基础上开始的。刚开始时，我们的哲学是研究世界本体的。之后的古希腊哲学家苏格拉底、柏拉图和亚里士多德，他们无一例外的都是唯心主义，几乎没有人再是物质主义。而文艺复兴时期，物质主义又变成了主流，是什么原因造成的呢？中世纪时期，因为哲学被神学化，整个哲学的水平变得越来越低，低到了人类的初期阶段。于是文艺复兴时期哲学又重新回到了物质主义。但是有趣的是，这些人的观点并不是真正地从认识论的角度，而是从本体论的角度的物质主义，几乎都是从反基督教、反神学的角度来提倡唯物论的，比如费尔巴哈。

这时候的哲学，主要是反神学的理性，而不是反唯心主义，所以当时推出来叫经验论。因为不相信神学的合理性，就用经验，用现代科学的进步来验证那些理性是不正确的，所以又出现了先验论。

而物质主义之后，伊壁鸠鲁提出了享乐主义。

苏格拉底、柏拉图和亚里士多德在他们的领域里都是相信灵魂是存在的，但到了伊壁鸠鲁，他认为死亡就是什么都没有了，什么都结束了，于是开始了后面对我们影响很大的享乐主义，就是一定要把现在的这一世过好。

17 世纪的英国哲学家边沁，在继承了伊壁鸠鲁的享乐主义的基础上，和哲学家密尔又发展了影响现代社会尤其是经济学的功利主义：充分地发挥所有的因素，以达到最大的功利。享乐主义和功利主义的价值观：要最多数量的快乐。而功利主义再往下又演变出了现代的经济学，为亚当·斯密的《国富论》提供了一系列的理论基础。

2.3.6 伦理学基础：自私论的哲学

在古希腊时期，智者们都在强调美好的情操，强调善良和爱，因为当时的爱是跟哲学连在一起的。而从文艺复兴开始，爱和善良从哲学里被剥离了，我们整个的世界观只剩下哲学、智慧和理性，还夹杂着功利、效益和算计，以及怎么把这一世的快乐达到最高。

到了 17、18 世纪，大批的哲学家开始研究所谓人性的规律，直接催生了现代的经济学，现代的社会科学，尤其是人性自私论成为经济学的哲学基础。现在我们赖以生存的社会的根基变成了自私的、效益的、以自我为中心的。18 世纪的道德哲学家曼德维尔，他的一个极端的观点是“私人的恶德即是公众的利益”，他认为，追求个人利益，各自的自私行为，也会使整个社会的利益变好。这个观点听起来很符合自己的利益，我们好好地去挣钱，好好地过日子，好好地享受，跟享乐主义、功利主义是如出一辙的。所以它的另外一种说法是人类所有值得颂扬的功绩和行动，背后的动机都是虚荣和自利。

作为现代经济学的基础，亚当·斯密的《国富论》一直争议很多。其实在《国富论》之前，亚当·斯密还有一本《道德情操论》，但可惜的是 1901 年严复先生翻译时，这部最重要的作品没有翻译。《道德情操论》加上《国富论》才是亚当·斯密的完整理论，而这两个理论合在一起就是爱和哲学。

而现在的《国富论》，已经不再谈道德情操，只谈功利主义的问题。没有了爱的哲学是功利的哲学，结果还很符合大家的胃口。亚当·斯密在他的《国富论》里写道，“人天生并且将永远是自私的动物”，他认为人类经济的推进是“人的利己心是人类一切经济行为的推动力”“个人的自私，可以有助于整个社会的福利”，这跟 18 世纪的曼德维尔的“私人的恶德即是公众的利益”如出一辙。

亚当·斯密和《国富论》在现在的经济界有着神一样的地位，自私论在现代社会大行其道，出现了一些冠冕堂皇的词：经济人、理性人。理性的人应该是自私的人。

正是在这种环境下，我在给企业家们讲课时经常提到利他主义，而利他主义，如果百度一下马上出来结果叫病态利他主义。我们现在的社会变成一个大家其乐融融地一起追求幸福，追求物质享乐，追求自身利益最大化，还认为这就是整个社会发展越来越好的一个基础，但现实是我们现在的社会各种问题层出不穷。

我们一直在向西方的经济学学习，却忘了西方的经济学已经在西方造成了很多问题，而且经济学基础的另外一部分《道德情操论》已经被我们遗忘了。

当很多的个体聚集在一起，有各自的利益及共同的利益，于是有了伦理道德，假如在一个庞大的社会经济群体中，伦理道德没有了一席之地，后果会如何呢？

正如湿猴实验，后来那些猴子为什么都不去拿香蕉了呢？因为拿了香蕉会导致别人的利益受到侵害。如果人人都是自私自利的，如果给每只猴子武装，它们可以做任何事情，没有人拦着，那么可以想象每只猴子都会去拿香蕉，每一只猴子都会被淋湿，这就是我们社会的现状。

我们现在的社会好像是生病了，而病因是什么呢？在我看来，是整个哲学在走下坡路，伦理学也在走下坡路，是因为爱离开了智慧，伦理离开了哲学，善良离开了经济。我们只关注那些自利的、个体的快乐，个体的效益达到最大化。

第三章

商业伦理及其重要性

3.1 商业伦理学的产生

20 世纪 50 年代末到 60 年代初，美国出现了一系列的经营丑闻，受贿、行业间的价格垄断、欺诈交易、环境污染等，数量之大，花样之多，令人震惊。

我们现在的很多事情，在以前的西方都发生过。公众发现，当每一次都沿着这个方向往前发展的时候，经济发展的同时总会有一系列极其严重的社会问题出现，最终演变成大众反映强烈，政府不得不介入进行调查。于是，伦理学不得不再次引起人们的重视。

1962 年，美国政府为了给大众一个交代，公布了一个报告，报告内容是对企业伦理和相应行动的声明。

这份报告出现了一个非常有趣的词：企业伦理。为了适应当时的环境，美国政府不得不考虑怎样能够让企业有伦理，公众不再受伤害。当时一些学校也开设了这门课程。但是很有趣的是，最积极响应的是美国天主教大学的原校长。但是，当时只是民众的反应和政府的呼吁，实际上对企业没有造成特别大的影响，企业伦理也没能成为主流。直到 20 世纪 70 年代，一个让人震惊的，在人类史上具有重大意义的事情发生了。

20 世纪 70 年代，福特公司向市场推出了一款特别热销的车型，叫皮亚特（PINTO）。这款小巧而便宜的车在美国市场很受欢迎。但是也偶尔出现过几次被追尾后自燃的事故。后续调查发现，这是一个符合当时安全法规的设计瑕疵。福特公司经过精密的计算得出的结论是：召回所有车辆的成本远远大于继续容忍这个合法瑕疵而造成的小概率事故赔偿金额。但是这份带着计算公式的内部文件被记者得到并且出现在了报纸上。愤怒的美国民众方才意识到，看似与大众毫无关联的商业伦理，其实跟每一个人的切身利益相关联，甚至可以决定他们的生死！于是一个崭新的学科出现在了商学院和大众的视野之中——商业伦理。

前面我们提到，伦理、哲学、道德哲学已经在走下坡路，但是因为人们已经开始知道，这件事情跟每个生命相关时，一个新兴的学科出现了。

1974 年 11 月，第一届商业伦理讨论会召开，开创了现在的商业伦理的先河。

商业伦理（Business ethics），也叫企业伦理或管理伦理，指把伦理应用在我们的商业实践中。

其实并没有多少企业愿意遵循商业伦理，但因为政府和公众的推动，企业不得不关注。

当欧洲的学者听到美国人开始用商业伦理时，这些一直在哲学体系中瞧不起美国的学者认为这两者是不可能放在一起的。大家都知道商业的目的是利润最大化，而伦理是义，是怎么做一个高尚的人。俗话说无商不奸，这二者怎么能够统一呢？这是一个巨大的问题。

在我看起来，这恰恰是伦理学的一次复苏的机会。伦理学在经过一系列的衰败后，不得不重新被提及，进入人们的视野，进入人们的研究领域。这是一件十分自然的事情。

3.2 利义矛盾中的商业伦理学

2008 年，西方知名的哈佛商学院邀请当时在亚洲教课教得很好的老师去参加工作坊，我有幸收到邀请。当时我已经在中国教了很多年的 EMBA，长江商学院、北大光华、香港科大都已经教了多年。

当时他们派来了 17 位顶尖的课程教授给我们讲解了 17 门课程的核心内容。而作为一个中国人，有两件事让我极其震惊。

第一件事情就是几乎所有的教授都提到了一个跟他讲的那门课不相关的东西，ethics 或 Business ethics。原来早在 2008 年，ethics 就被大家提到了如此高的地位，都在提 ethics。而另一件让我更加震撼的事情是迈克尔・波特的课程。相信任何一个 EMBA 学员或商科学生都知道，Michael porter，全球第一战略权威，被商业管理界公认为“竞争战略之父”。在他的演讲中也在说伦理。并且很多的西方商学院教授都在借用东方的智慧来说西方的管理，比如《孙子兵法》、《道德经》、儒家的思想等。而我们那次的学习，哈佛商学院给我们每个人送了一本书，《商业伦理学是可以学习的吗？》（*Can ethic be taught?*）所以我开始对伦理学尤其是商业伦理学感兴趣。

商业伦理学，最重要的是我们应该怎么解决义和利之间的矛盾。在我多年的教学生涯和辅导了多家中国企业的经验来看，我发现从另一个视角看它们是完全不矛盾的。所有的商业行为都需要决策，而伦理本身也是一种决策，并且这样的决策很多是在条件不明朗、两难的情况下做出的。实际上，从某种角度来说，假如你可以真正地把伦理学放在企业中，你就能做出很好的决策。在我看来，伦理学本身就是在研究决策的智慧，它们完全是相通融的，而且东方的很多方面都十分强调这一点，比如在竞争中。

3.3 商业与伦理融通的新视角：决策智慧

我曾经看过一本书，马文·布朗的《公司诚信：反思组织伦理与领导行为》。在这本书中，作者提出了一个很有趣的观点，我十分认同。他说："在许多组织中，伦理学仅仅意味着控制工作行为的一套规定，但是……伦理学还可以成为做出优秀决策的工具。"

其实，在我接触的很多不断做出优秀决策的企业，很多在竞争中不断成功、不断获利的企业，他们都是非常重视商业伦理的。

如果大家有机会到华为大学，会看到它的门口有一块大石碑，上面写着"大胜靠德，小胜靠智"这几个字。我们一直纠结的德和智哪个更重要，华为大学的石碑早给出了答案。

在各大商学院，我有一门名为"竞争战略与领导力"的课特别受欢迎，这门课程也获得了很多的殊荣。曾经在香港科技大学的 EMBA，我连续三年被同学们评为 professor of year 就是因为这门课。我曾经也给北大光华上过这门课，同样也是很受欢迎。课程的最后我在教大家怎么实战、怎么决策时，展示了一张总结的 PPT，只有一句话：小赢靠算，中赢是德，大赢在道。这是我多年辅导企业，多年带领企业家做商业决策悟出的最重要的东西。我发现，真正让他们成功的是德，并且比德还高的是道德。

在中国，商业伦理这门课还非常年轻，普通高校会开这门课的还少之又少，据统计，中国只有 2% 的大学开设了商业伦理课程，并且也很少有人研究商业伦理。

怎样让商业伦理在中国落地呢？美国圣母大学门多萨商学院国际商务伦理学教授乔治·恩德勒提到：中国应该从东方的儒家，从社会主义的道德，并结合西方的道德，这是一项十分艰巨的任务。他认为中国已经到了必须提倡商业道德伦理的时候了，因为中国正面临着人类可持续发展和贪污腐败的问题。这是经济学家、企业家、政府共同面临的巨大问题。

西方的伦理学已经在走下坡路了，但是我们尽量地借助于现在的西方商业伦理科学并加上东方的儒道释，从这个角度看一看东方人是怎么看道德智慧的。东方的智慧到了极致是什么？跟我们的竞争有什么关系？东方智慧怎样看待义和利之间的关系？

整个的哲学已经很长时间没有上升了。哲学应该随着科学的不断进步往前推进，但是我们的科学日新月异地发展着，而哲学、哲学理论，以及以哲学为基础的伦理道德、道德哲学理论体系却没能一起往前发展。所以，东方古老的智慧必然要跟现代的最新科学结合起来，比如博弈论的最新进展、心理学的最新进展，还有量子力学的最新进展等等，把现代科学的最新进展融入到我们的商业伦理的哲学体系中，建成一个具有中国特色的现代化商业伦理道德体系。

这也是本书要给大家展示的理论体系。

第四章

伦理决策模型

4.1 商业伦理的决策模型

在福特的廉价微型 PINTO 车事件之后，大家意识到了商业伦理的重要性，美国政府也做出了相应的反应。1970 年美国兴起了道德生成运动，讨论是利润先于伦理还是伦理高于利润等一系列的问题。但企业各种各样的丑闻依然不断出现，因此催生了商业伦理。

商业伦理学，也叫企业伦理或管理伦理学，属于应用伦理学的一种，是研究商业环境中各种各样的伦理问题，即企业经营运作中的伦理问题。泛泛来说，凡是跟经济活动相关的，我们都称其为商业伦理学。

应用伦理学包括商业伦理学、军事伦理学、医学伦理学等。

而伦理学一个比较尴尬的局面是作为课程，全世界已经有大量的商学院在开设商业伦理课；但作为研究，商业伦理学的理论基础研究并没有得到足够的重视。应用伦理学在西方的商学院里都是试图以案例教学的方式进行，用大量的案例来强调伦理的重要性。这就是为什么在哈佛商学院的所有课程都会有意无意地安插着伦理的部分。但是在真正的伦理决策上，我们需要的是方式、方法、模型。

关于商业决策，我们可以找到很多方式、方法或模型，也有大量的伦理判断框架。但是，如果仔细地看一下伦理学的研究文献，就会发现大部分伦理判断模型其实并没有说到伦理的问题。所谓的伦理决策就是借用了认知过程模型，就是经验、理解、判断、决策。下面的表中列出来的是几个主要的伦理决策模型。

三种流行的伦理决策模型及其特性			
心理认知模式	郎尼根决策模型	亚瑟·安德森分析七步法	福克斯&迪马可模型
经验	经验层面	1. 事实为何?	1. 架设出一组问题 2. 搜集信息
理解	理解层面	2. 伦理道德问题何在? 3. 有哪些主要关系人? 4. 有哪些解决方案?	3. 探索不同意见
判断	判断层面	5. 有哪些伦理道德的限制? 6. 有哪些实际的限制?	4. 评估各意见
抉择	抉择层面	7. 该做哪些最后决策?	5. 做出抉择 6. 采取行动

郎尼根的决策模型分为经验层面、理解层面、判断层面、抉择层面；福克斯和迪马可的分六个层面：架设出一组问题、搜集信息、探索不同意见、评估各意见、做出抉择、采取行动。这六个层面就包含了伦理学的因素。

而安德森提出来的分析七步法是目前来说使用比较广泛的一个专业伦理判断方式。这七步分别是：事实为何，伦理道德问题何在，有哪些主要关系人，有哪些解决方案，有哪些伦理道德的限制，有哪些实际的限制，该做哪些最后决策。这七步看起来很全面，但看不到真正帮助我们把很多东西放在一起的理论体系是什么。

我们从这些模型很容易看出各种决策的局限性，即大部分是从认知模式或者从传统决策过程去描述伦理学，而最关键的伦理判断方法，则几乎没有。

于是商学院的教授们自然而然地按照商学最常见的，从利润、收益最大化出发，又回到了功利主义。

4.2 伦理决策的思维方式

4.2.1 功利主义与电车难题

我们最开始的思维方式就是用功利主义或者效益率来判断道德问题。而商业伦理学也需要符合商业的一些基本原则。

有一个著名的思想实验，叫作电车难题。这是一个两难的选择问题。一位名叫克拉拉·墨菲的女士正乘着电车，就是大家去一些老城市比如中国香港，会看到的有轨电车。因为它有轮子，所以车上唯一的操作就是拉一个闸可以选择往这边走或往那边走。墨菲女士在电车的前排，司机晕过去了。车正在下坡，没法停止，车速越来越快地冲向前方。此时，车的正前方有五位老人家正在脚步蹒跚地行走着，没有注意到这边的危险。而另一个岔道口只有一位老太太在那里。假如你是墨菲女士，面对前方的五位老人和另一边的一位老人，你会选择拉闸让电车驶向哪一边呢?

目前为止，调研数据显示，87% 的人选择驶向只有一位老人的方向：如果一定要死人，死一个总比死五个好。正是这种下意识的直觉反应，其实我们就已经陷入到了追求效益主义或叫功利主义中了。

什么叫功利主义呢？功利主义就是我们刚才的思维方式，一种以实际的效果作为道德标准的伦理学决策思维方式。我们的商业伦理决策其实是最容易陷入功利主义的，当我们做类似的商业判断时，功利主义恰恰符合了我们的行为：不强调行为的动机而看行为的效果。

通常我们所谓的行为上或道德上的正确错误是指该行为产生的总体的善恶而言，而不是指行动本身如何。按照功利主义，在电车难题上我们毫无疑问地选择拯救五个人而杀死另外一个人。这是个简单的计算公式，撞一个显然比撞五个更划算。可以说，功利主义在把道德变成经济学或简单的科学。其代表人物有杰里米·边沁。他的功利思想是把道德的善恶转变成一种单一的货币。

如果我们再往前考虑一步。比如在电车难题中，五是不是一定大于一呢？我们可以假设另一种情况：你并没有在电车上而是在一座观光桥上，你听到了墨菲女士的尖叫“啊！没有闸了！”你看到了前面的五位老人家。这时候你要止住电车的唯一办法是把一个大的障碍物推到轨道上，而你旁边没有任何东西可以扔下去，只站着一个体积相当庞大的胖子也在焦急地看着电车。你知道，如果旁边的胖子掉下去一定可以拦住这辆车。这时候，你会怎么选呢？依然是牺牲一个人拯救五个人。你会把旁边的胖子推下去吗？

之前的拉闸我们觉得五应该是大于一的，可以轻易选择，但现在是旁边活生生的人时，我们更深层次的道德感被唤起了，大部分的人没有选择把胖子推下去来挽救五位老人。

著名的福特 PINTO 车分析报告事件，就是完全地按照功利主义的方式来决策的。它把烧伤的和烧死的赔偿做成负值，把收益做成正值，于是决定不召回汽车。所以功利主义是会带来问题，于是功利主义被后面的哲学家康德大力批判。

4.2.2 义务论及其反思

康德于 1724 年出生在东普鲁士的国王城堡，是一位令人敬佩的哲学家。康德 31 岁时成为一名教师，也是教很多门课，包括逻辑学、伦理学、法律、地理、人文等。他积攒多年发表的第一本著作《纯粹理性批判》，以及紧接着发表的《道德形而上学的基础》(*The Groundwork of the Metaphysics of Morals*，1785)，引发了人们对功利主义猛烈的抨击。我也是在学校教了十几门不同的课之后发现伦理学对中国越来越重要了，我们应该去研究和学习伦理学了。

康德在他的道德形而上学的基础上，对功利主义进行了猛烈的批判。在康德看来，五并不大于一，这不是也不应该是一道数学题。一个胖子，本来很悠然地在马路上行走，他并没有什么错误，事情也不是他造成的，他有权决定自己应该如何做而不是由别人来推一把。他有可能选择自己跳下去挡住车，那他就是一个英雄。但如果你把他推下去了，他不但不是英雄，对你来说你还有可能因此受到审判。同样的一件事情，结果是完全对立的。所以康德他看到一点：在某种程度上，我们每一个人都会有一些先天的不可侵犯的东西存在，那就是我们的理性。

这个理性是什么呢？康德在《纯粹理性批判》中提到一个很重要的概念，叫先验论。康德是大力反对功利主义的，他是典型的唯心主义者。先验论已经超越于肉体，触及了灵性层面。康德认为功利主义的结果是相当糟糕的。面对同样的五和一的选择，第一种情况下我们毅然决然地扳了倒闸，选择牺牲一个人。但是在第二种情况下，我们改变了，我们每个人的决策不是一定的。那么，什么是正确的，什么是不正确的呢？康德是这么说的：因为人们在特定的时间和环境下，他的兴趣、意志、欲望以至他整个的偏好是多变的偶然的。假如我们把一个高尚的道德原则建立在这么虚妄容易改变的欲望基础上，是十分容易犯一些让人造成终生后悔的错误，并且是严重地误解了道德到底是什么。于是他创立了义务论。义务论把焦点放在每一个人不可侵犯的权利和他的行为意图上，而不是后果。我们前面提到的福特汽车的问题，把胖子推下去的问题，实际上都是只考虑了结果而没有考虑到动机。而道德行为并不是有了结果再反推的，你在判断的当下就已经是一个道德问题了。这也就意味着，假如不考虑动机的话，很有可能有人会为了一个结果而不择手段。这恰恰是我们看到的现在经济学发展的一个问题。

如果大家都带着这样的功利主义思考的话，对道德是一种摧残。康德的义务论的基础是，我们必须对每一个人给予同等的尊重。康德的义务论主张即便有些事情是利益极大化的，我们也不应该去做。康德认为人类最重要的是自由的意志和伦理行为的最高决策。

电车难题里的胖子，他有不牺牲自己的自由意志。并且这样的自由不会因为其他的主观情况而改变。如果今天因为要救五个人、十个人或十亿个人而把一个人踢下去牺牲，那么有没有可能以后，做这个决策的人会因为别人做了同样的决策而被踢下去牺牲呢？仔细想想，这样的目的论是非常可怕的。

康德在其著作《道德形而上学的奠基》中提出一个理性主义的义务论：道德并不是建立在欲望之上，而是建立在理性意志之上。所谓理性意志就是意志的自由，它是纯粹的，是不受干扰的理性判断。要尊重个人选择的意识，而不仅仅是像功利主义那样把幸福简单地加起来。功利主义因为衡量快乐而演变出了一种说法——像猪一样的道德学说。其意思就是你是愿意像猪一样每天吃了睡睡了吃呢，还是愿意像人一样的过活。在猪的伦理学判断时，也给大家做了另一个判断：假如你有轮回转世的话，你是愿意做一个像康德一样的哲学家，还是愿意做一只可以长生不老的小老鼠？

或者另外一种假设：假如现在的科学家发明了一种快乐机器，能让你无比快乐。但前提条件是一旦进入你就再也不能出来了。你会一直快乐下去，不能干任何其他事情。你会怎么选择呢？

这就是我们看到的功利主义带来的一系列问题，即便我们把快乐的质和量都加上，我们还是会问这个问题：一个人死亡的痛苦是不是一定小于五个人？首先，这个没有他的自我意识的选择会对他造成很大的伤害。其次，长此以往，会对我们整个的社会造成一种不安定感，每个人都有可能是下一个受害者。

相比于功利主义，义务论似乎有更多的优点。义务论将道德价值的根源建立在人们公认的道德价值或我们与生俱来的理性上，它强调的是我们本身具备的一些道德因素，例如，诚实、公平等社会共识。康德管它叫绝对命令，是指遵循你内心的声音去做，不考虑别的因素。

如果我们都能按照这个共识去做，就可以建立一个清楚的道德价值，就不会因为我们的条件的改变而发生动摇。

回到电车难题，假设你是墨菲女士，前面是五位老太太，右边是一位老太太，但是右边的老太太一回头，你猛然发现原来她是你的亲人。这时候你会怎么办？按照康德的义务论，这时候你不能有任何的选择，因为这是一个普遍的原则。你不能因为是你的亲人而改变你的任何决策，我相信大部分的人都做不到。这是一个假想的问题，现实生活中很难出现，也没有所谓的正确答案，这个问题本身是为了帮助你思考。在这个思想实验中，你将会考虑这个问题的方方面面。

再举一个例子，比如你正在一个环境优美的森林酒店里度假，一个衣衫不整的女孩突然冲了进来，“先生，请你救救我，后面有坏人在追我”。说完她不经你同意立刻躲到了你的床下。这时候几个彪形大汉也冲了进来，问你刚刚那个女孩去哪了。你可以判断出这几个彪形大汉不是好人，这时候你该怎么办呢？康德有一个不可逾越的道德标准是诚实，如果诚实的话你就要说出女孩的藏身之处。

由此，我们可以反思一下康德的义务论，它的缺点是对人的要求是极高的。康德自己几乎是一个圣人，他的墓志铭上写道：有两件事物越思考就越觉得震撼与敬畏，那便是我头上的星空和我心中的道德准则。他生活在一个极高的境界上，对自己有着极高的道德标准和要求。他每天都严格地约束自己：过着终生未娶的生活，每天到点必然开始散步，再准点回家，以至于他变成当地人行走的钟表。所以，义务论作为康德以自己心中的圣人标准建立起来的道德标准，并不是每个人都能轻易达到的。康德所谓的道德在不同的环境和条件下，标准是没办法一致的。但是很多不一样的标准，康德并没有在他的理论里提出来。他将他认为的这些义务、这些绝对的命令一一罗列并证明出来，给大家建立了一个标准，但没有很好的实施方案。所以，康德的理论并没有真正地被大家使用。

4.3 伦理学危机和决策模型的局限性

4.3.1 后设伦理学及其尴尬

康德可以说是古希腊哲学发展的又一个高峰，之后几乎没有什么公认的受人尊重和爱戴的哲学家再出现，伦理学似乎走到了死胡同。

1903 年，爱德华・摩尔发表了一篇文章《伦理学原理》，宣告了另一类伦理学的诞生，叫后设伦理学（meta-ethics），也翻译成元伦理学。后设伦理学试图消除实践伦理学和规范伦理学的尴尬。

后设伦理学是当前哲学潮流的趋势。后设伦理学是探讨而不是出标准做判断。因为判断的结果，像康德这样近乎圣人的，靠的是自己的良心意志。而现当代的哲学门派都是在通过逻辑学和语言学的倒推来研究哲学。它已经不是描述是对还是错了，而是在描述类似这样的状况。道德有两个概念：可不可以被认知？如何被认知？而能被认知的是用自然的方法，用语言、用客观事实等等。你会发现，伦理学现在已经沦为逻辑学了。

后设伦理学旗帜鲜明地一反以前规范伦理学的传统，把伦理学变成一个实践。因为以前的规范伦理学都属于应用伦理学，都是试图给我们一些指导思想，指导我们在实际情况下的实践。爱德华・摩尔认为，既然没法指导实践，那我们就用逻辑的方法来指导伦理学，直接从语言和逻辑的角度来解释道德术语，分析道德语言的逻辑，寻找道德判断的依据。后设伦理学实际上是把科学的分析方法移到了道德领域，重新解释一些基本的伦理概念，它试图建立一个科学的伦理学，或者是把伦理学科学化。

后设伦理学起初试图给伦理学找出一个准科学，也是持续了几十年的时间，但后来，伦理学家们用大量的实证的原则分析伦理判断的时候，得出一个尴尬的结论：伦理学的规范判断是没有科学意义的。

科尔纳普在一篇文章中提出，伦理命题不具有认识意义，因为伦理命题不是经过事实的命题，得不到经验的检验和验证。同样的问题，不同背景不同的人来做判断时，也许他得到的结果是完全不一样的。所以，又一次得到一个十分尴尬的结论：伦理学不具备科学性，也不具备知识性和规范性。

于是再往后有了描述伦理学。描述伦理学在研究什么呢？描述伦理学家认为：既然我们没有办法给大家提供理论体系，那我们总可以收集更多的数据吧。描述伦理学就是用各种各样的方式来描述大家是怎么做伦理判断的，而根本不管你判断的依据是什么。其实就是案例的总结。

我们现在知道了伦理学有三个分支，一是规范伦理学，主要是义务论和功利主义；二是后设伦理学，试图用逻辑的方法来推导伦理学，直接从语言和逻辑的角度来解释道德术语；三是描述伦理学，看起来它只是收集伦理的案例，记录人们认为什么行为是对的什么是错的，希望可以为后世所用。

所以，伦理学即便是到了应用伦理学，也已经完全没有方向感。那么，这没有方向感的原因是什么呢？前面我们说过，伦理是哲学的一部分，哲学是爱和智慧，当我们把爱跟智慧分开以后，我们就会发现爱是没有办法用理智来做判断的。跟爱相关的伦理，自然也是没有办法用我们现在研究科学的方法来研究的。另一方面，我们现在人类的发展还相当粗浅，我们还没有办法真正地把那么含糊不清、虚无缥缈的伦理学解释清楚。

4.3.2 德行伦理学与电车难题

1995 年，英国的哲学家赫斯特豪斯（Hursthouse）提出德行伦理学。他认为，德行伦理学的焦点即伦理学的主体应该是做决策的这个人，是行为的推动者，由他的性格或各方面来决定的伦理学。德行伦理学与目的论和义务论最大的不同之处是它不会按照一个简单的标准去判断。德行伦理学实际上是又回到了整个的框架里的规范伦理学，等于在规范伦理学的基础上往前推进了一步。

赫斯特豪斯认为：在任何情况下，这个人做决策不能简单地按照功利主义来计算，也不能按照简单的义务论来决定应该怎么做，而是要考虑各种各样的情况，如社会因素、环境、背景，甚至他的身体状况等。这么听起来，德行伦理学似乎更合人情、合人性一些，它不是简单粗暴地直接把伦理用一个公式来衡量，或用一个义务来挟制，而是放在整个大环境下。

我们可以用德行伦理学说来分析前面的电车难题。假如一边是你的母亲，另一边是五个陌生人，从功利主义来说一定是救五个人；从义务论出发，应该视而不见，不管是对你的母亲，还是对别人。而德行伦理学认为，这种时候任何人选择救自己的母亲都是一个十分正当的人类的行为。因为母亲对我们有很多的恩情，我们跟母亲有更多的牵连，作为一个正常的自然人，我们应该这么做。

这么说来，德行伦理学的优点很明显，不搞一刀切。但是这恰恰也是它要命的地方：德行伦理学也不能提供一个肯定的答案，它只是提供一个思考的方向供人参考而已。并且德行伦理学其实根本不是新的东西，它是又回到了伦理学的源头。古希腊的哲学家柏拉图和亚里士多德，还有中国的孔子，其实都被视为德行伦理学的代表。比如孔子说要有三纲五常，但偶尔也可以出现个例，因为要人治。而我们知道，伦理学在亚里士多德时代开始走下坡路，孔子推崇的仁义礼在现代社会也在走下坡路。也就是说，这显然不能满足现代社会的理性需求了，德行伦理学也没有真正给我们带来希望。

伦理学依然是走在死胡同里。从目的论、义务论、后设伦理学、描述伦理学到德行伦理学，看起来它是在往前发展，实际上又绕回了亚里士多德时代的德行论。

当伦理学整个体系都走到了尽头时，我们轰轰烈烈地开始研究和推进商业伦理学，并花大量的钱将商业伦理学设置为正式学科。然而，2000 年，安然案件爆出。欺骗股民，抬高身价，欺骗员工，卷走 10 亿美元，一共损失了 600 亿美元，安然几乎让加州政府濒临破产。我还记得我当时在硅谷时，那些朋友跟我说“来浇水你都不能随便浇，随便浇水是可能被罚款的，甚至有可能进监狱”。而安然案件几乎搞垮了整个加州，七个大企业垮了，20000 多名员工失业。

还有 2008 年的雷曼兄弟事件，因为雷曼兄弟一家用了衍生品。什么叫衍生品呢？简单来说金融是价值在时间和空间上的一个转换而已，而在转换的过程中，你可以有一级市场，也可以有二级市场，也可以把一级市场、二级市场组合排列在一起，形成一个衍生产品。而这个衍生产品具有高度的掩盖性和不确定性，你怎么说别人就怎么说，别人很难追溯到后面的东西。正是这种衍生产品让华尔街的精英们大赚特赚，而为了赚下去，雷曼兄弟用尽各种各样的手段操作让自己获利。于是供应商、发行商因为这个衍生产品里的不道德操作，不但自己死了，整个的世界都因此陷入了金融危机。

实际上，这不仅是金融危机，更是商业伦理危机。西方伦理学已经走到了尽头，如何来拯救我们的伦理学呢？我们人类现在的整体智慧水平比起 2500 年以前低太多了。我们飞快地积攒财富，也飞快地消耗地球资源，各种危机四伏。

伦理学最终是为了决策，是非常需要智慧的。也许是时候我们重新回到东方了。作为东方人，我们也应该回归到古典，东方有完全没有断代的东方智慧。我们的伦理学没有得到长足的发展，而真正的哲学在亚里士多德把爱的部分提出来以后一直在走下坡路，到康德、黑格尔以后就几乎走向了死亡。我们的哲学也已经很久没有吸收现代科学的最新进展并形成一个更加有生命力的科学了。

在我看来，中国作为一个正在崛起的国家，作为一个经济实体和文化实体，我们应该有这样的社会责任感，而我作为一个知识分子，也应有这样的社会责任感和使命感：让商业伦理、伦理学，甚至哲学重新焕发光芒。

我将结合东方智慧重新解读我们的商业伦理，从《孙子兵法》到道家、佛家，再到儒家，再到阳明心学，再结合现代科学的最新进展，包括博弈论、心理学、量子力学，形成一套有中国特色的商业伦理学——商业伦理与东西方决策智慧。

第五章

科学最新进展对商业伦理的促进

5.1 伦理学与博弈论

5.1.1 博弈论概述

在决策中，有一个很重要的概念——博弈论。博弈论跟我们一般的考虑问题有什么不一样呢？我们很多人是没有竞争意识的，只是按最低段位在做管理，眼里只有自己；在竞争战略的层面开始看到别人，开始做战略；而到了更高一个层面就开始博弈了。

博弈是不只关注自己，更要关注到竞争对手的下一步。也就是说，在博弈中你要更长久地看待任何一个决策，以及可能产生的后果。

我曾在北大光华的 EMBA 班给大家上过商战模拟，这门课也在香港科技大学商学院的 EMBA 课程表中。在教学过程中我发现我们这些在和平年代长大的人几乎是没有战争意识的。而西方培养出最多 CEO 的地方不是商学院而是西点军校。为什么呢？西点军校培养的人在战争中摸爬滚打，他们的竞争意识是非常强的。我们做商业决策，其实很多时候都面临着竞争的决策，而伦理的决策实际上也是大的商业决策的一部分。博弈论最重要的一个观点是要开始意识到除了“我”以外的其他东西。

在我看来，管理有几个不同的层次。

做管理的眼里只要看自己，把自己的活儿干好就行了，这是中低级的管理。真正到了高层的企业家管理竞争战略，而竞争战略最重要的是不光看自己，还要看别人，开始博弈，这就是到了决策最妙的部分。

博弈，又叫 game theory，分为静态的博弈和动态的博弈。西方的 game 一般指的是脑力游戏，比如棋类、牌类，大家在一块儿动脑子的就叫作博弈。博弈是研究多个个体或者团体之间在一定的条件约束下的对局。我出一招，你出一招，最后看这一系列出招带来的结果。博弈是研究具有竞争性质和争斗现象的一个重要方法。

《孙子兵法》可以说是中国的博弈论专著，里面有大量博弈的内容，并且《孙子兵法》第一章就告诉我们博弈最重要的就是道。而从西方引进的博弈论也能帮助大家意识到《孙子兵法》的妙处，东西结合能帮助我们从另外一个角度理解《孙子兵法》为什么讲要“合道”。

5.1.2 囚徒困境

关于博弈论，有一个经典的案例——囚徒困境。囚徒困境是博弈论中非零和博弈的代表性的例子。1950 年，美国兰德公司的梅里尔·弗勒德（Merrill Flood）和梅尔文·德雷希尔（Melvin Dresher）拟定出相关困境的理论，后来由其顾问即普林斯顿大学的数学家阿尔伯特·塔克（Albert Tucker）给一群完全不懂博弈论的心理学家以囚徒的方式阐述：有两个犯罪嫌疑分子因为偷偷摸摸地潜入私人住宅被警察逮捕了。但是警察并没有搜到赃物，没有证据表明这俩人偷了东西，或把东西藏在了哪儿。于是，聪明的警官就用了我们经常在电影上看到的一招：把两个人分别关在不同的地方，分别审讯。

警察告诉每个人：如果两人都保持沉默，各判刑一年；如果两人都认罪检举，各判八年；如果两人中一个认罪检举而另一个保持沉默，认罪检举的放出去，保持沉默的判十年。于是，每个囚徒都面临两种选择：认罪检举或保持沉默。然而，不管同伙选择什么，每个囚徒的最优选择是认罪检举：如果同伙保持沉默、自己认罪检举的话放出去，保持沉默的话判一年，认罪检举比不认罪检举好；如果同伙认罪检举、自己认罪检举的话判八年，比起保持沉默的判十年，认罪检举还是比保持沉默的好。结果，两个嫌疑犯都选择认罪检举，各判刑八年。

	甲：保持沉默（合作）	甲：认罪检举（背叛）
乙：保持沉默（合作）	二人同服刑一年	甲即时获释 乙服刑十年
乙：认罪检举（背叛）	甲服刑十年 乙即时获释	二人同服刑八年

我们可以花一点时间琢磨一下：假如你是其中的一个人，你认为哪一个是对自己最有利的办法，你会怎么选择？注意，当你做选择的时候，你要谨记博弈论最核心的一点：这不是你一个人的决定，他的反应加上你的反应合在一起，才会出现上表四个框

中的某一个框。

在做决策的过程中我们会发现，对自己最有利的结果是自己认罪检举他保持沉默，自己被释放他被判刑。而对两个人而言，最好的结果是两人都保持沉默，各判刑一年。但是显然这几乎是不可能达到的，因为它违背了人类个体的理性要求。每一个人都想选择对自己最有利的方法，结果一定是导向对大家都不利的结果。在这种情况下，攻守同盟是很难建立的，人都会疑心多想：如果我跟他同谋，他却把我出卖了怎么办？于是又回到了我供他他供我的情况，最终的结果一般都是这样。

5.1.3 纳什均衡

囚徒困境引出了一个在数学史上甚至是哲学史上很重要的概念——纳什均衡。

纳什均衡是指博弈中这样的局面：对于每个参与者来说，只要其他人不改变策略，他就无法改善自己的状况。纳什证明了在每个参与者都只有有限种策略选择并允许混合策略的前提下，纳什均衡一定存在。以两家公司的价格大战为例，价格大战存在着两败俱伤的可能，在对方不改变价格的条件下既不能提价，否则会进一步丧失市场；也不能降价，因为会出现赔本甩卖。于是两家公司可以改变原先的利益格局，通过谈判寻求新的利益评估分摊方案，也就是纳什均衡。

按照纳什均衡，在囚徒困境中大家的选择也可以构成一个稳定的均衡，比如说同时认罪检举，这样对两个人来说都是有利的，这个均衡就是各判八年。但是如果同盟破裂，一个人改变了自己的选择，对另一个人就非常不利，而另外一个人也就不愿意遵守同盟。所以，纳什均衡需要双方都积极遵守才能达成最有利的效果。

约翰·纳什（John Nash）是继冯·诺依曼之后最伟大的博弈论大师之一。他提出的著名的纳什均衡的概念在非合作博弈理论中起着核心的作用。由于纳什均衡的提出和不断完善为博弈论广泛应用于经济学、管理学、社会学、政治学、军事科学等领域奠定了坚实的理论基础，1994 年约翰·纳什因此获得诺贝尔奖经济学奖。因其传奇而坎坷的人生经历，其传记被改编成电影《美丽心灵》，并获得 2002 年奥斯卡最佳电影。电影中，有一段纳什跟三个小伙伴去酒吧的情节。酒吧里有一个美女和她三个长相普通的女友在喝酒，美女很漂亮，纳什跟朋友们瞬间都被吸引了。这时候纳什跟朋友们说："如果我们按照亚当·斯密的自由竞争原则都奔着那个美女去，结果肯定咱们哥几个一个都没得到美女的芳心，最聪明的做法是我们直接奔着她的那些女友去。"这就是纳什均衡。

以前我们在竞争决策时只想着自己的事情，而一旦你考虑到对方的多种可能性时就出现了一个特别深刻的问题：个体的利益和集体的利益之间的冲突。我们以前往往只考虑到个体的最大利益，而在这里，如果每个人都追求自己的利益最大化，最终的结果其实并不是对每个人都有利的，尤其是对集体的利益是不利的。

众所周知，经济学里有个"看不见的手"，大家都是理性人或者经济人，都是自私地想追求自己私利的最大化，就像我们以前描述的效益理论。如果我们都用效益论去追求自己的私利，那么亚当·斯密的《国富论》中认为这会更有效地促进整个社会的集体利益。但是纳什均衡理论并不认同这种群体的每一个人都从利己的方式出发最终能达到利他的效果的说法。这几乎动摇了西方经济学自私人的基石，对整个经典经济学甚至现代西方哲学都带来巨大冲击。当我们每一个个人或每一个企业只在追求自己的利益最大化时，我们达到的结果其实很多的时候对整个社会是灾难性的。正如现在中国的发展出现了各种各样的社会问题、环境问题和伦理问题。如果我们从纳什均衡里引出了这只“看不见的手”就会发现其实“看不见的手”的原理有一个巨大的悖论：从利己出发的结果可能不但没有真正地利己，还可能损人不利己。这恰恰是我们现在看到的很多社会问题的根本原因。若我们用亚当·斯密这种纯粹经济人的角度和自私人的角度去做决策的话，我们的社会自然而然就呈现这个结果。

在博弈关系中，当我们不再只是仅仅想到自己的利益，而开始考虑到他人的利益时，利益才是长久的最大化。

5.1.4 静态博弈和动态博弈

当我们去一个城市旅游，想买些纪念品回去时一般会去哪里买？在哪里买被宰的可能性会更低一些？火车站或旅游景点处？还是在你住的旅馆或小区旁边的店里买？我想，稍微有点旅游经验的人都会避免在一些人员流动性比较大的火车站或景点买东西吧，为什么呢？

前面我们说了博弈学，博弈就是在竞争状态下的对局，几个团体在一定的条件制约下争夺最好的结果。囚徒困境就是博弈论的非零和博弈中非常具有代表性的例子，反映的是个人最佳选择并非团体最佳选择。虽然困境本身只属模型性质，但现实中的价格竞争、环境保护等方面，也会频繁出现类似情况。

其实，囚徒困境也可以是一个动态博弈。原本的囚徒困境的假设条件是一次性的静态博弈，就是参与方同时选择但是都不知道对方的选择是什么，也不需要考虑继续选择之后的影响，因为大家都只博这一次。而动态博弈又称为重复博弈，就是参与者的行为有先后之分，一次博弈选择之后可以根据这次的结果再进行下一次的选择，类似于我们玩的围棋。假设两个惯犯，不断地犯罪不断地被抓，也一直不断地在选择合作或背叛。可以有两个极端选择，就是每一次都当好人或恶人，好人是每一次都完全合作，恶人就是每一次都占尽便宜，完全不合作；也可以选择每次都不同。那么，怎样才能在长期的博弈中胜出呢?

行为领域的经典之作，罗伯特·阿克塞尔罗德的《合作的进化》一书中，作者以组织的两轮“重复囚徒困境”竞赛为研究对象，他在书中给大家设定了两个前提：第一，每个人都是自私的，大家都是利己的理性的；第二，每个人可以完全按照自己的利益进行利益最大化的决策，没有人会干预。在这两个前提下，这本书研究了人为什么要合作（就是遵守条约，遵守道德伦理），人什么时候是合作的，什么时候是不合作的，如何使别人愿意跟你合作。他邀请了世界各地有名的经济学家、心理学家、社会学家来参加比赛，通过一段程序来表现自己的决策，用软件来实现这种不断循环的两两博弈的场景。最后他总结了赢家和输家各自的特点：赢家的特点首先是善良的，是不主动背叛的；而输家是从头到尾都不善良的背叛者，还有报复者，先选择了合作，发现对方不合作就永远背叛下去的类型。值得注意的是，在输家的特点里有一类是老好人，就是无论别人怎么对他，他一直选择合作。书中揭示了在两轮竞赛中胜出的都是最简单的策略“一报还一报”。这一策略简洁明晰，具有善良性、宽容性、可激怒性和策略性，这也为我们了解个人、组织和国家间合作产生和进化提供了重要的启示：首先，保护自己是必要的，任何情况下都要先保护自己；然后，合作是必要的，在合作的同时也要保护自己，如果对方不合作，那也要有一定的措施。而合作的策略是首先一定要善良，第一次一定要合作，也不能因为别人一次的不合作就一直报复别人；其次，策略一定是简单清晰的，复杂的策略都是失效的，因为别人不知道你在做什么。这就是动态博弈的特点。

如果再往前一步，更加动态的博弈该怎么办呢？模拟人的进化、生产和繁衍，他人可以学习你的策略并将其融入到自己的策略里去或者可以选择用对方的策略。这种情况，就更加逼真地呈现了人的社会化演化。当大家在重复了一千代以后的结果是怎样的呢？程序模拟的结果显示：第一，以牙还牙的群体在最初是1.58%，经过一千代以后已经占到了24%；第二，有一些群体在进化的过程中消失了，包括前十五名中唯一不善良的哈灵顿程序，就是首先选择合作，发现别人一直合作时突然不合作了，当别人开始报复时又开始合作了，当别人继续合作时又突然不合作了，使用这种非常恶劣的方法的群体消失了。而从合作的次数来测量的话，群体是越来越合作的。

这就说明，群体向合作的巨轮是不可逆转的，群体的合作性是越来越大的。恶意虽然一开始在人群中传播得很快，但它也很快就会消失，而善意是可以在人群中传播并施加影响的，这就是符合自然的，合道的。

而怎样长期地有利于社会有利于自己？一定是做一个好人。做一个善良的人的存活能力是最强的。其实善良是在长期的自然显现的，《道德经》里说“上善若水，水善利万物而不争”。当开始谋万世的时候，你自然而然是一个善良的人。

详细地了解了动态博弈以后，相信大家都能理解前面说的我们买纪念品不能在旅游景区和火车站这类地方买的原因了。为什么在市中心、在小区附近买东西会规范一些呢？因为一旦出现了重复交易你就得变得善良才能继续重复下去。大家可以看到现在的电子商务平台，是不是越来越显得善良美好了呢？除了技术的不断完善，很大的一个原因就是无论是买家还是卖家都开始考虑长远了，都开始明白一定要善良了。

回到我们的现实世界，人与人之间的博弈、企业与企业之间的博弈都不是一次性的，都是动态多次的。

5.1.5 从博弈论角度反思商业伦理

当把博弈论的思想放到我们的商业伦理中时，我们应该有什么反思呢？首先关于多方之间的关系：跟客户、跟竞争对手、跟上下游等其实都是在博弈。而博弈中，我们很有可能出于自己的利益而去损害他人的利益。但博弈论给我们一个特别大的启发是什么?

博弈有两个重要的地方：一是要把自己的视角展开，在做决策的时候不要只考虑自己，要考虑到相关的若干方；二是不伤害他人是底线，并且还要考虑怎么利益到相关的若干方。到了利他的层面就已经彻底地从哲学的角度解决了伦理学问题。

纳什均衡让我们意识到考虑问题时必须考虑到对方才有可能取胜。而我们的老祖宗在2500年以前在考虑战略问题的时候就已经站在了博弈论的层面，甚至是道的层面。《孙子兵法》中所有一切开始的第一条是道。为什么是道呢?因为有道说明你已经沿着纳什均衡的博弈论开始动态地考虑问题了，并且是很深邃的动态的博弈。这就是《孙子兵法》高妙的地方。

东方的文化中有很多这样的智慧告诉我们怎样去做好这一切，“不谋万世者，不足谋一时”。《阿含经》中说：“不畏后世，无恶不作。”《道德经》中说：“失道而后有德，失德而后仁，失仁而后义，失义而后礼。”其实根本没有什么东西叫作商业伦理、企业道德，我们只需要有看得更远的智慧，只需要有了解为什么我们在这里的智慧，只需要具有关爱他人的智慧，只需要有观照自己的智慧，你自然而然就是一个利他的人，一个遵守商业伦理的人。

5.2 商业伦理与心理学

前面我们说到了博弈论，现在我们来看看商业伦理跟心理学有什么关系呢?

心理学是哲学不可分割的一部分，哲学的发展从本体论到认识论，我们从刚开始试图理解世界是什么样子到后来慢慢开始有了“我”的意识，意识到是“我”在理解这个世界，从而下一步探索“我”是怎么来理解这个世界的。所以，可以说认识论延展了现代心理学的发展。

心理学涉及很多概念，比如动机、人格、感知等等，其中，动机跟伦理学息息相关。

心理学认为我们做任何事情都有背后的因素，叫动机。也就是说每一个人在做任何决策的时候一定是有动机的，要说我伤害你但我真一点动机都没有那是不可能的。有动机地对别人进行了伤害会被关到监狱，但如果说对别人的伤害没有动机，那就不是去监狱而是去精神病院了。

一般来说动机有表浅的和深层的，有生理动机和心理动机，有有意识的动机和无意识的动机。而心理学关注的动机是更深层次的无意识的动机。

我们知道有很多的动机理论，最广泛的就是弗洛伊德的动机理论。弗洛伊德作为心理学鼻祖，他认为我们所干的一切事情的动机都是因为性。我在大学看到弗洛伊德的动机理论时就很不忿，我觉得我还是有一点点高尚的共产主义情怀，就想为别人做点好事。

继弗洛伊德之后，戴维·C. 麦克利兰（David·C. McClelland）提出了他的理论，他认为个体在工作情境中有三种重要的动机或需要。成就需要：争取成功，希望做得最好的需要；权力需要：影响或控制他人且不受他人控制的需要；亲和需要：建立友好亲密的人际关系的需要。

然而这还不是最全面的。动机理论中最受大家推崇的是亚伯拉罕·马斯洛（Abraham Maslow）的需求层次理论。马斯洛可以说是“心理学界的爱因斯坦”。

马斯洛生于1908年4月1日，卒于1970年的6月8日。《动机与人格》这本巨著奠定了他在心理学领域的位置。我们接下来主要讲的就是马斯洛的动机理论。

5.2.1 马斯洛早期需求层次理论

马斯洛在1954年出版的《动机与人格》这本书里提出了人有五个层次的需求。如下页所示。

马斯洛的需求层次理论中有最低级的生理需求，生理之上还有安全、社交、自尊等，而最高一层就是自我实现。马斯洛理论可以说是把弗洛伊德理论和麦克利兰理论都覆盖了。

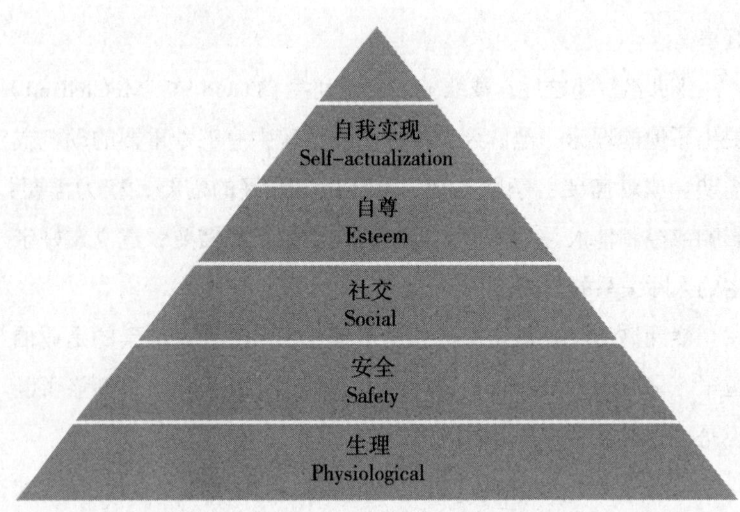

Maslow's *Motivation and Personality,* 1954

马斯洛理论揭示了我们人类整体的需求层次，而这个需求层次理论也是针对群体而不是个人的。个人是完全可以从低的层次直接跳到高的层次，但对于群体而言它是一步步向前的，低的层次满足之后，自然会进入到更高层次的需求。也就是说，当生理得到满足以后会开始寻求安全，安全之后就开始跟周围社交，在社交中开始追求自尊，最后寻求自我价值的实现，是一步步往上走的。

而中国有句古话也和马斯洛理论相合，在《史记·管晏列传》里，管仲有一句名言："仓廪实而知礼节，衣食足而知荣辱。"意即人在丰衣足食之后，才会更懂得道德礼仪及自尊心。人只有温饱足了之后才会去思考礼仪上的事情，当然这也是指群体而不是个体。

马斯洛需求层次理论反映的是一个群体过程，对我们人类很多的行为具有预见性，比如做消费者的需求预测。

当低层次的需求得到满足之后，人就有了上一层的欲望，每一个层次被满足之后都会有更高层次的需求出现。正如饿着肚子的时候想要吃饱，吃饱了之后就想安逸地躺在床上，接着希望旁边有帅哥美女陪着，最好还能得到众人的尊重，等等。而相应地，被满足的需求越多意味着他的快乐程度越高。越到高层，也许快乐的强度不够大，但持续程度一定是更大的，这就是我们不满足于低级需求的被满足还要往上走的原因。

另一方面，马斯洛早期的需求层次理论跟我们前面提到的西方哲学和现代的经济学高度一致，因为每位学者都是在一定的社会环境和思想环境中形成自己的思想的。我们看看，哲学走到今天，已经走了哪些阶段：最开始的时候，哲学是爱和智慧；随后，亚里士多德提出伦理学，哲学只剩智慧；而到了古罗马时期又把爱强加给所有人遵守；直到文艺复兴时期把伦理学、神学等都推翻了，开始了理性化、经验主义。于是，只剩下功利主义、自私论等等。在这种情况下，马斯洛需求层次理论的最高层面毫无疑问是自我的实现，有的是金钱上的自我实现，有的是社会地位上的自我实现，但归根结底都是为了“我”。这跟经济学的功利主义是一致的。这个理论完全符合当时西方的哲学体系和经济学体系，得到了大家的热烈追捧。

5.2.2 超个人心理学

马斯洛 1954 年提出了需求层次理论的最高层面是自我实现。我们很多人都认为，自我实现了以后就会特别幸福，但实际上是这么回事吗？从经济学来说，我们确实能够做到完全的自我实现，但是也会伤害到周围的事物。

给大家分享一段真实的经历。我当年出国留学时非常困难，为了能够出国读博士，四处给人写信，寻找减免学费的机会。后来我终于去了加拿大，读完博士就去了美国硅谷工作。那时候的硅谷，钱多，到处都弥漫着创业的热潮，大家日常见面都不是问"吃了吗？"而是"你那个商业计划书交上去了吗？""第几轮了？"等等。那时候我们很容易就能自己开一家公司，有时候早晨起来，一看股价就变成了百万富翁。我们管这叫 paper-naire，因为这个百万富翁主要都是 stock paper，拿着公司的全额股票，股票一上升立马成百万富翁。我在硅谷也很快有了自己的公司，台湾的风投还给公司投了 300 多万美金。而跟我一起开公司的就有哈佛医学院的牛人。然而当我跟财富那么近的时候，我发现自己一点乐和劲儿都没了。以前还有个盼头，一定要成为百万富翁，但等到真富起来才发现成功、财富并不能带来真正的快乐。

回国后我开始教 EMBA 班，平均每年要给上千位企业老板上课。我问他们富了以后有没有感觉特别快乐幸福，结果没人举手。所以大家千万不要以为财富可以代表一切，其实财富不一定能带来真正的持久的快乐。

我经常问大家，现在有了洋房有了豪车，为什么我们现在的快乐程度比起小时候要低得多呢？我还记得小时候在北京的胡同，我和小伙伴们喜欢拿着杨树叶玩“斗根儿”，下湖游泳，上山摘枣，在胡同里瞎跑，那时候的快乐现在再也找不到了。马斯洛也发现了同样的问题：按照现有的理论体系，当我们全社会的人都全身心地为了自己的利益，为了自我的实现而奋斗时，整个社会的状况是非常糟糕的。

按照马斯洛需求层次理论，当大家的需求越来越多地被满足，大家应该是越来越快乐的。但美国出现了一个特别奇怪的现象，人们对心理医生和律师的需求越来越高了。律师增加可以理解为需要保护自身既得的利益，但需要心理医生是因为什么呢?马斯洛发现，如果把自我实现作为人的终极目标，结果有可能是非常悲惨的。于是，马斯洛在他去世前发表了一篇重要的文章《Z 理论》(*Theory Z*)，他在文中重新反省他多年来发展出来的需求层次理论，他说：“超个人心理学是以宇宙为中心，而不只注意人性需求或兴趣而已，它超越人性、自我及自我实现等观念……这一新的发展趋势很可能为日渐消沉的人们，尤其是年轻的一代‘受挫的理想主义者’提供具体有用又有效的答复……缺乏超越的及超个人的层面，我们会生病，会变得残暴、空虚，或无望，或冷漠。”现在人与人之间变得越来越冷漠了，整个社会都在变得冷漠，都在生病。很大一部分原因是我们在西化，按照西方的方式做教育做商业。而这恰恰是西方国家走过的路。正如马斯洛说的，在全然自我的层面上，我们很有可能会生病。将来我们国家心理医生的需求肯定会越来越大。

《说文》里认为“病，疾加也”。病是形声，疒形丙声。我们通常说疾病，但实际上疾和病是两个不同的含义。《说文》:“疾，病也。从疒矢声。”从疒从矢，“疒”与“矢”联合起来表示“人体中箭”。“疾”的本义是人体中箭，引申义是指外伤，外部的创伤，或外部创伤引发的内病。段玉裁《说文解字注》:“矢能伤人，矢之去甚速，故从矢会意。”假如你伤风感冒了，那是外头的风、湿、热、暑进了你的身体，是疾；而病下面是丙，《易经》中丙主心主火。疾是外面来的，病是心里来的，这是老祖宗的智慧，一个心理特别健康充满了爱心的人他的病就少。

一个精神出了严重问题的人跟正常人的思维方式有一个东西是不一样的，精神病人满脑子想的都是有人在追他，有人在压迫他，有人在害他。现在的心理学特别容易判断一个精神病患者。精神病人满脑子想的都是“我”，所以现在的医生会通过观察患者说“我”的频率来做出判断。

企业家作为社会上成功的群体，忧郁、冷漠程度也特别高，导致这一群体的自杀率也很高。我经常跟我的企业家朋友开玩笑说：你们要小心点，整人的最好办法不是诬告而是把人弄到精神病院去。因为对于脾气一向很大的老板来说，急切地想要证明自己是正常的反而会被认为是严重的精神病。

马斯洛早期的需求层次理论到了最后是自我实现，而全然的自我实现的成功并没有带来特别的愉快。在传统价值全面崩溃的时代，人如何重新确立生活的意义？

当马斯洛发现需求层次理论出了严重的问题时，他说：“我们需要‘比我们更大的’东西，激发出敬畏之情，重新以一种自然主义的、经验性的、与教会无关的方式奉献自己。”

我们需要比我们更大的东西，什么是比我们更大的东西呢？

5.2.3 马斯洛的最后理论：Z 理论

从某一方面来说，马斯洛的自我实现接近于中国的儒家思想：修身、齐家、治国、平天下。但儒家思想在后期的推广上走了非常多的弯路，不是儒家不高妙，《易经》就是非常高妙的一本著作，但是当时的人根器就是这样了。

1969 年，马斯洛发表了一篇名叫《Z 理论》的文章。我在香港中文大学特别古老的一本心理学杂志上看到过这篇文章。

什么叫 Z 理论呢？ Z 是英文字母的最后一个，寓意这才是最后一个理论。马斯洛称其为 Spirituality need（灵性需求）。可能很多人都没有听说过这个理论，因为文章发表之时马斯洛已到了晚年，身体已经非常虚弱，没有精力将这个理论进一步地展开。他提出，人们最高层次的需求应该是超越于自我实现的灵性需求。他把这个理论叫作 Z 理论，而金字塔下面的自我实现、受人尊重、社交则统称 Y 理论。Y 理论是精神层面的，而最下面的安全和生理则属于物质层面，被称为 X 理论。所以，在哲学的世界里，无论是东方还是西方，最下面的是物质层面，然后是精神层面，而最高的则是灵魂的层面、心性的层面。

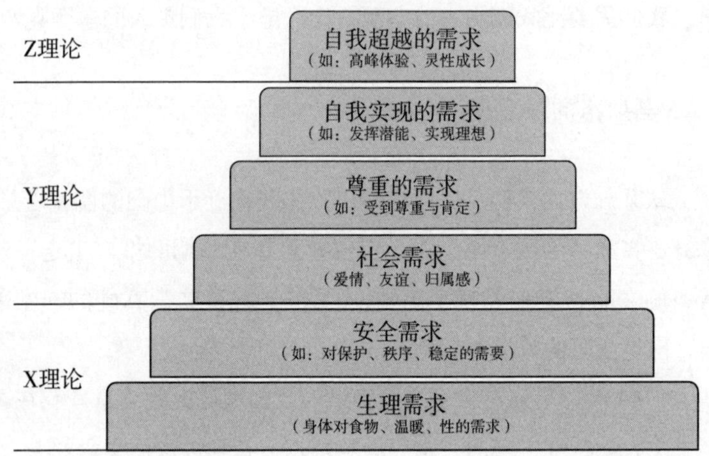

马斯洛是怎样定义他的Z理论最后的灵性需求的呢？首先，他的起点是超越了自我，开始有了"他"，开始顾及"他"。这几乎超越了人类、人性甚至是超人本的，不再以人类为中心而是以宇宙为中心的。这有点像中国的道家，也有点像柏拉图式的唯心主义。到了这我们才会产生敬畏感，马斯洛觉得敬畏感才是真正的让人们不至于疯掉，能够一直往上走的重要的东西。

很多科学家早期是研究认识论、本体论，但到晚年都开始强调唯心了。晚年的马斯洛超越了儒家，到达了道家的天人合一，也到达了释家的超越自我。可以说，西方的科学家到了晚期都跟东方的智慧接近了。就像博弈论，发展到后来发现中国的《孙子兵法》里头早就有博弈论了。

说到这里我们有一个误区：灵性需求是不是一定是宗教者才有的追求？ Zentner在1989年发表的文献中给出了一个对灵性

的定义[①]。他说“灵性是一种个人的属性，它远远地超越于宗教的实践，它是寻求启发、意义、目的和敬畏”。实际上，灵性追求跟宗教根本不是一回事，灵性追求的范畴更大。灵性追求是一个心理学的科学层面，它是超越于宗教的，如果你进入到灵性需求，那并不意味着你必须去信仰某个宗教。按照马斯洛和 Zentner 的共同定义：你并不需要有任何宗教信仰，只需要有一个寻求的意义，有一颗像哲学家一样去发现的心。同时，因为任何宗教包括柏拉图式的唯心主义都相信灵魂的存在，所以任何有宗教信仰的人都是已经进入到了灵性。在我看来，宗教是灵性追求的一种世俗体验，而灵性追求是一件从心理学方面描述的更加科学的比常人更高层面的事情。

5.2.4 灵性觉醒之路

怎样才能达到最高层的灵性需求呢？首先你要具有开放的心怀和像哲学家那样在寻求意义，最重要的一点是真正超越自我，从关注自己转到开始关注他人。开始关注到他人的福祉，开始关注到在自我实现时如何不伤害他人，如何能够帮助他人。其实就是从己到他，从关心到开心的过程。我们一直在追求让自己开心的东西，却忘了我们的心是关着的，没有关照别人的心，只关照自己。而马斯洛所说的“他”，甚至已经不再是人的那个他，而是超越于人性，超越于人本的，它的关联性更加广泛。晚年的马

---

① Murray，R. B. & Zentner，J. P. (1989), *Nursing Concepts for Health Promotion.* London：Prentice Hall.

斯洛所说的一切的事情已经在考虑道德等更多的层面、更多的维度了。

中国的哲学家冯友兰先生的哲学层次完全是和马斯洛一致的，他认为最低级的是功利层面，就是物质层面的自我实现；然后是伦理层面。超越于功利层面必然达到伦理的层面，超越于“我”之后自然要考虑到“他”，而考虑到“他”的时候就已经达到了伦理层面。

从心理学来说，为了将来没有心理上的大麻烦，就要做一个有道德的人。而有道德的人的本心一定是超越自我达到更高的灵性追求的。也就是说，通过对自己道德的约束是可以帮助你达到一个更高的层面的。

当然，除此之外，还有一条特别艰险的路。

我的很多业内的朋友，成功以后他们都喜欢干一件事：找死。你会发现现在越来越多的人喜欢玩高危的极限活动，例如，跑马拉松，高空跳伞，滑雪，走戈壁，爬珠峰，等等，这类活动每年都会有人意外身亡。据统计登喜马拉雅山的死亡率高达 20% 左右，但有的企业家还是一次次地去攀登珠峰。

人在物质得到了真正的极大满足之后是不愿意停在原地的，他会追求往上走。马斯洛晚年发现了一种巅峰体验，当物质的成就不能让人达到那种巅峰时就会开始灵性之路。那种把自己折腾到极限感觉快死的时候实际上是什么出来了呢？马斯洛说“当人在面临巨大的情绪压力和难以忍受的痛苦、病痛和身体极度虚弱的时候，他的灵性就显现出来了”。这大概就是成功之后的企业家们都喜欢上了那些极限运动的原因了。

新西兰的 Queenstown（皇后镇），位于新西兰的瓦卡蒂普湖北岸，它的湖泊和高山景观适合几乎所有的探险活动，吸引了无数人前往。我刚从硅谷回来时也是什么刺激玩什么，蹦极都选200 多米的，帆船、飞机都玩过，因为那时的我没有找到生命的方向，我没有发现还有灵性层面的追求和更好的巅峰体验，所以我才各种作死。所以，沿着伦理道德超越自我利益到别人，这是一条最安全的道路。

不知道大家的身边有没有经历过濒死体验的人，那些“死而复生”的人都有一些很明显的改变。他们会变成一个更好的人，开始对自己和对别人都很宽容很善良。为什么会有这些改变呢？有一种解释是当他快死的时候他瞥见了灵性的光芒，于是整个人都彻底改变了。每个人一定都有个很小的“我”，而没有“我”才能到灵性的层面，那时他心里脑子里想的都是他。而这些恰恰是伦理学最核心的。

伦理学来源于我们的伦理道德。当我们和别人在一起时，我们是社会动物，都要考虑到别人。而从心理学角度来说，为了将来自己的成功和周围的人的成功以及幸福快乐，我们需要去做一个时时刻刻考虑到别人的十分有伦理素养的人。

如果你不相信濒死体验的话，那还有一条悲惨的路。都说痛苦是人类最大的宝库，当你面临着难以忍受的情绪压力和痛苦时，千万不要退缩，这可能是一次机会，一旦你跃过去，广阔的空间就在你眼前，灵性的光芒也许就会展现出来了。做一个善良的人，一个利他的人，一个遵守人类基本道德准则的人，这样才能保证你一直是一个快乐的人。

5.3 伦理学与现代物理

5.3.1 量子纠缠难题及研究新进展

量子纠缠是爱因斯坦从牛顿的经典力学到提出相对论时假设的一个难题。爱因斯坦认为，其实我们所在的位置并不是绝对的，当我们采用不同的坐标系和时空系时我们看到的所有的一切都是不一样的。比如，当你坐在计算机或摄像机前面时你的速度是多少呢？也许你认为你是静止的，但你只是对于你的书桌而言是静止的，假如是在海上航行，那你至少还有一个往前的速度；另外据监测我们的海平面也在逐年下降，你就又有了一个往下的速度。而相对于太阳，我们的速度又是多少呢？地球时时刻刻以高速自转，还围绕着太阳公转，而整个的太阳系又围绕着银河系在转。所以宇宙中我们时时刻刻都在远离彼此，离得越来越远，速度越来越快。这也是相对论的核心：没有什么事情是绝对的，一切都是相对的。

爱因斯坦提出了这样一个设想：在光速的情况下，有两个小光球，被炸开以后，它们会飞快地以光速跑出去。在分开期间，如果一边受到了干扰，另一边也会同样受到干扰吗？这个假设被很多研究量子力学的科学家进一步验证。经过不断的实验、争论，科学家们终于得出了一个结论：不管这两个量子跑得多远，任何一边的量子受到纠缠，那一边的马上就会相应地做出反应，这就叫量子纠缠。也就是说，它们俩几乎是同时变化的，这一点几乎已经推翻了爱因斯坦以前的认识，这个世界没有什么东西可以超过光速，而这两个量子可以在以光速离得很远的时候，相互感应并同时作出反应。

什么信息可以超越光速来传播呢？这跟我们每一个人都相关联。

通过移动互联网，我们都纠缠在了一起。很多的科学家都是在试图解释为什么两个已经离得很遥远的量子还可以发生关联。2015 年，荷兰的科学家罗纳德·汉森（Ronald Hanson）发现量子纠缠是可以探测的，在实验室埋在地下的光缆中，几公里范围内它们是相互纠缠的。

现在量子纠缠不但已经被验证，传播距离通过卫星甚至可以高达几千公里，甚至上万公里。2016 年的 8 月 16 日，一件影响人类的，甚至影响我们整个世界观与宇宙观的事情发生了：一颗叫作“墨子”的量子通信实验卫星在中国发射升空了。而这件事情对人类最大的意义是一个曾经离我们十分遥远的近代物理假设将变成现实，并被运用于我们的日常生活，即根据量子纠缠原理用量子来进行通信。中国的“墨子”上天，让人类对整个量子力学的认识前进了一大步。

5.3.2 对维度的新理解

“维度”这个词是非常有意思又有点难以理解的。如果你能真正理解的话，你的整个世界和世界观都会达到一种不可思议的美妙境界，所谓的脑洞大开就是指你真正进入到一个更高的维度。这对我们很多人来说，是十分困难的。

在更高的维度看起来，也许我们就是那些笼子里的猴子。我们并不知道很多的事情是为什么，甚至我们并不知道伦理是为什么，我们一直在想象，伦理是不是就是为了“吃到香蕉”和“不挨淋”呢？外头会是什么样的呢？等等。当我们是笼子里的猴子时，我们很难想象更高一个维度的世界是什么样的。

我们可以试着做一件事情，往下一个维度想象一下，我们可以看地面上的蚂蚁。蚂蚁比起人来就少了一个维度，它只在两个维度的平面里爬。我们在蚂蚁面前可以很轻松地看到完整的蚂蚁，但当你把手指头放在蚂蚁面前时，蚂蚁感觉到的是擎天玉柱，是五指山。就像《西游记》中的孙悟空，如来佛的手掌，于他而言是跳不出去的大山，为什么跳不出去？因为他们根本不是一个维度的！

想一想，我们人和动物最大的差别在哪里？你会发现几乎所有的动物都比人少了一个维度，鹰在天上翱翔，鱼在水里遨游，蚂蚁在地上爬，但它们都没有时间的概念。人之所以称为人，跟动物一个特别巨大的区别就是人有时间感。动物的时间是没有改变的，就像笼子里的猴子只是条件反射：因为摘了香蕉就会被水淋，为了不淋水而不去摘香蕉。就像我们一吃饭就会自动分泌唾液一样。而人有了时间的感觉以后，你猜怎么样？感觉时间的流逝会让我们发现所有的事情都会有一个结果，人跟动物特别本质的区别就是人可以长期地看待问题的结果。

实际上，长期看待问题的结果就是一个有智慧的人要做的，而长期看待问题的结果的人是不会轻易地伤害别人的。我们伤害了别人，短期内好像没有任何结果，但是长期呢？越是聪明的人，他的时间维度越长久。我们在做商业决策的时候一般谋多久呢？有的时候看三个月、三年。中国有一句古话叫“不谋全局不足以谋一域，不谋万世不足以谋一时”，也就是说先贤们在看待做决策的时候，他们看万世，这才是大智慧。当我们不看长久的时候，为了满足当下的需求而不在乎所做事情的结果。其实看得越长久，越会变成一个更守规则、更有道德感的人。

实际上，我们人跟动物的差别就在时间的维度上。而量子时代的到来，我们发现也许我们并不是一个很高的维度，还可以有更高的维度。我们现在可以做一个小实验来感受一下增加一个维度之后的那种豁然开朗。

首先，我们把眼睛闭上，伸出手去摸桌上的一个陌生物体，仔细地去摸索猜想它长什么样子？叫什么牌子？做什么用？想象它的厚度、质感甚至是颜色。当我们看不见只能靠猜的时候，是不是特别难受，特别想睁开眼睛呢？当你的这种渴望达到最高的时候请睁开眼睛，这时候，你看清了你拿着的物体，你心里是什么感觉呢？实际上这就有点类似从低维度上升到高维度之后的感觉。

我们的世界有多少个维度呢？我们现在说的界一般是指三维的空间，包括高度、深度、远度三个维度。而世是时间的意思，我们的世界就是世加界，一共四个维度。这就是我们人类现在生活的所有维度，当我们降低一个维度，变成蚂蚁时又往下降了一个维度；当变成植物时，也许只是一维了。可以说，越高维度的动物越有智慧越聪明，就像人比一般的动物多了一个维度，多了时间的维度，就有了因果的维度，也多了伦理的维度。

5.3.3 低维的相对“真相”

爱因斯坦说过一句话，“时间和空间是人类最大的假象”，也就是说，这世界也许就是一个假象，我们跟他人之间的联也许也是一个假象。

学过素描或制图的都知道，一个物品，顶视图可能是一个圆形，但侧视图可能就是一个方形，而俯视图可能又是其他的图形，这都是平面两维。但我们描述一个机械零件时我们会说一个三维的机械零件。一个三维的圆柱体在两维空间的投影就是一个正方形或者圆形，这意味着低维实际上只是高维真像的一个相对的投影而已。它是一个实像的投射，我们管它叫作现象，聪明的人能够透过现象看到本质，通过事物之间的关联看到它们背后真正的关系。而我们现在在这个维度看到的所有东西，其实只是一个像，并不是真的，这只是更高维度的真实的一个投射而已。也就是说在更高的维度上，两个量子之间并不是所谓的纠缠，它们本来就是一体。如此，我们人与人之间的所谓的纠缠就意味着在更高的维度、更辽阔的世界我们人跟人之间是一体的。甚至可以延展到我们的科学、哲学、美学、宗教，所有的一切都有一定的共性，都在干一件事情，都在试图找到真相。

德国古典哲学创始人康德，在其名著《实践理性批判》中曾经以这样的语言作为结束：“有两样东西，我们愈经常愈持久地加以思索，它们就愈使心灵充满日新又新、有加无已的景仰和敬畏：在我之上的星空和居我心中的道德准则。”他意识到我们的道德准则是来自我们的内心深处，在我们每个人的内心深处都存在一个叫良心（或良知）的东西。当别人有什么好事时我们也会开心；当别人受到伤害时，我们也会悲伤，我们似乎跟很多人都连在一起，这样的道德准则是让人十分惊叹而感动的。

很有智慧的人看到的世界是不一样的，他们更加在意内心的道德准则，或者说它表现出来的道德行为。所以，当我们想到了维度以后，就像伦理学一样，伦理学实际上是道德的哲学，而哲学是试图还原出更高维度的像，把科学发现的高维度的投射合在一起，还原成一个更高维度的真相，形成我们所谓的世界观。人类都有世界观，世界观里包括了我们认为的世界是什么样子的，我们怎么认识世界，我们跟人之间的关系是什么等问题。

试图从原有的科学的进步发展中，找出更普遍的规律，进而指导各个学科从低维度的像着手还原出高维真实的方法，我们叫方法论。其实，哲学就是世界观和方法论，就是我们怎样看待世界，怎样更好地认识世界。而方法论则包括了理性主义、经验主义、本体论、认识论、逻辑学、辩证法等。

5.3.4 企业家的高维实践

从商业角度来说，我们在做决策的时候也是没有办法看清楚复杂现象背后的本质的。我们只看到了它各种不同的像，并没有看到它的整体是什么。

日本“经营之圣”稻盛和夫在他的《活法贰：成功激情》里表述了这么一个观念。

他说实际上很多的商业问题其实并没有那么复杂，之所以复杂是因为我们没有办法看清楚它的本相。他举了一个例子，他的一个朋友广中平佑博士。广中平佑博士是一位著名的数学家，他每次解决问题都用高阶方程的次元来解决。我们小学的时候做应用题会觉得很难做，到了初中我们学了代数，有一元、二元、三元，那些以前特别烦琐的问题，只要把 X、Y 代进去，很简单就能解出来。

实际上，这就是低维跟高维的区别。如果能站到更高的维度上，商业背后的本质是十分简单的，商业伦理的背后是你必然要遵循一个客观规律。

所以稻盛和夫说我们要达到一个更高的维度，很多的问题都变得十分简单。怎么达到这个维度呢？稻盛和夫认为最重要的一点是思维方式，正确的思维方式帮助你成功。而一个最简单的思维方式是首先要做一个好人，做一个遵守道德伦理的好人。在商业上，做一个遵守商业道德的员工，做一个遵守商业道德的企业家，这样你的事才可以办成，你的企业才可以做好。

5.3.5 如何达到更高的维度

托马斯·爱迪生说“天才是百分之一的灵感加上百分之九十九的汗水，但这百分之一的灵感往往比百分之九十九的汗水更重要”。对他来说，这百分之一的灵感是最重要的。那么他是如何达到这百分之一的灵感的呢?

这是一幅爱迪生在发明创造时的照片。照片中，爱迪生很舒服地把一边的手肘放在桌子上，托着腮帮子沉思，眼睛微闭起来。这是一种什么样的感觉呢?大家不妨试一试。这种状态下，一般人都会有些昏昏欲睡，但爱迪生肯定不是在睡觉，他的重点恰恰是他快睡着的时候，在似睡非睡中得到灵感。他的灵感不是逻辑算出来的，而是在半睡半醒的状态下逻辑受到压抑产生的灵感。灵感是通到灵魂、进入人心的那种感觉。爱迪生正是用一种很别扭的方式进入到一种很安静的状态里来激发灵感。

史蒂夫·乔布斯，美国苹果公司联合创办人，一位十分成功的企业家。当我们提起乔布斯的时候，我们首先想到的就是他的苹果。乔布斯为什么能成功呢？很多人说乔布斯的成功源于他的创新，苹果的产品太让人喜欢了。但是乔布斯本人或其一系列的书中并不承认自己在创新。他说了一句特别有趣而经典的话，“我没有真正地创新，我只是看到了别人没有看到的东西”。怎么能够看到别人没有看到的呢？这恰恰是一切问题最美妙的地方。

这是1980年史蒂夫·乔布斯在他的工作环境里拍的一张照片。这个照片的底下写着“我所需要的只是一个瑜伽垫和一杯茶”。空旷的房间里，柔和的灯光下，乔布斯静静地端坐在那里，他在打坐禅修。

乔布斯正是通过禅修进入到一个更高的层次，看到别人没有看到的东西。当乔布斯有什么重大的商业决策问题需要做的时候，当逻辑已经没有办法真正地引导他的时候，他就会用这种方式。

乔布斯是完全不按照常规出牌的人。在营销上，他很少做市场调研；在创新上，他也觉得市场调研靠不住，他似乎可以看见未来，看到真相。每一款他拿出来的东西都不是调研来的，但当我们拿到手里的时候就会感叹“啊！这就是我要的东西”。这就是在更高的层面上，能够直接看到真相的决策的秘诀。

很多企业家都有这个特点，他们真正成功的决策都是来自灵感。不知道大家有没有这样的感觉，一件事情想了很长时间都没有答案，而在梦里或第二天早晨，所有的问题突然间都迎刃而解了。

说到这里，也许你就能理解王国维在《人间词话》中说的最高境界：蓦然回首，那人却在灯火阑珊处。不是花很大力在梦里寻他千百度，只要一回首，那人就在那里。其实只是往内心一观，所有的答案都已经在那儿了。

5.3.6 心学与伦理决策

当我们在做伦理决策的时候，一件很重要的事情是我们的心要能够真正地定下来。我们很多时候面临的商业伦理问题，实际上就是一个商业决策的过程。做商业决策就要面对竞争对手，面对四面八方的压力，这时候什么能够帮助你做一个好决策呢?

我们一般打仗之前都要先观察环境、地形等，而《孙子兵法》第一篇第一章说的是在打仗之前如何可以不战而屈人之兵。所有的一切都是庙算，要在庙里算。古时候的庙不是现在的用来烧香磕头的，而是用来祭祀、用来静心的。对于孙子来说，真正的能够不战而屈人之兵，始于能够庙算，始于能够让你的心安定下来。这时候你的决策才可能在更高的层面，才是更高明更有意义的决策。

明代著名的思想家、军事家王阳明就是这样一个奇人。有一次，王阳明在江西平反战乱时，放出了很多假信息，有的假信息甚至假得非常可笑。部下问这样的信息谁会相信呢？王阳明就说了，“我并不在意他相不相信，只在意这些信息传到那里时他的心动不动，那就可以了”。“打仗的时候最关键的就是让他的心动，而我心不动。”我心不动，随机而动，王阳明认为兵法的要义就是这八字真言。也是我们现在做所有决策最重要的一点。

《孙子兵法》里还有一系列关于心的问题。比如孙子认为将军打仗，最重要的是要“夺其心，以治待乱，以静待哗，此治心者也”。唐代杰出的诗人、散文家杜牧也在一篇兵法的标注里头说“心者，将军心中所倚赖，以为军者也”。他认为整个军队靠的就是大将军的心理。

我之前在香港中环给一帮投资者讲投资决策时，现场有人分享了一个验证，那是投资圈的一位元老级大佬，即使上千万亿的资金交到他手里，老先生的心也是极定的。他也说，心不动在做投资决策时是一件非常重要的事。

古今中外，很多高人一坐就可以达到心定的状况，但是对于普通人来说，定下来并不是那么容易的事情。大家可以盯着一个事物不要动，让心保持在事物上，保持 20 秒。想一想刚才自己心动了吗？有没有起念头呢？其实对我们常人来说，真正把心定下来是一件非常困难的事情，短时间内是达不到的。我们也不能说等我的禅定修好了我再来做伦理决策，于是我们要寻找更简单更好的办法来进入到更高的维度，让心不动，看到事情的真相，做出决策。

那么，是什么东西把我们束缚在低维度里呢？是我们的智慧不够。我们所做的一切决策都依赖于我们的智慧，尤其是伦理决策，伦理决策是完全超越于我们的逻辑的，那么这个智慧来自哪里？我们通过什么方式可以产生智慧呢？

佛家认为我们被灰尘遮蔽了心，所以才没有办法做出有智慧的判断。而我们要做的事就是想办法让包住心的尘埃不那么紧固，让智慧显现出来，这样才可以摆脱低维，在更高的层面上做出更理智的道德伦理判断。

5.3.7 道德约束与智慧开启

怎么能够让我们的心定下来呢？我发现一件非常有趣的事。

我们都知道，科学家作为智慧的代表，其最高成就是诺贝尔奖。2012 年，在科普勒的国际调查中，路易斯·赛博（Louise S.Sherby）统计了一百年之内的诺贝尔奖获得者，发现他们之中有信仰的人高达 93%，远远地高于平均水平。这似乎揭示了有道德有信仰的科学家更容易取得更高的成就。爱因斯坦曾说："没有宗教的科学是跛子，没有科学的宗教是瞎子。"

如何可以达到更高的维度呢？在世俗的眼光中，我们看到的都是三维，最多到四维，只有那些极其出色的科学家哲学家他们可能达到了五维。宗教比世俗人多了一个关注的层面：灵魂。而哲学是智者的游戏，我们只是平常的人。对我们来说，想达到更高的维度，一个简单的办法就是研究宗教。

大家知道，所有的宗教除了有理想国之外，也都有地狱之说，他们都试图从另外一个角度来探索什么是真，也试图达到另一个高度。不管是犹太教、基督教，还是伊斯兰教、印度教，还是道教、佛教，都用各种方式帮助人们去掉杂念，去掉心中的灰尘。也都在用各种仪式引人向善。

可以说，所有的宗教都有一个道德约束。并且这样的道德约束往往是高于法律的，甚至是高于我们一般的社会常态的。所有的宗教都是通过让人们有道德，从而能够达到更高的层面。

还记得在我上大学的时候，中国掀起了一股气功热，大家都去听各种大师的带功报告。有一件让我印象特别深刻的事，当时我花自己小半个月的伙食费去一个大体育馆听某大师的带功报告。我热情澎湃地坐在前排，翘首以盼大师给我带功。结果整整三个小时的报告，大师花了两个半小时说着让那时的我特别不耐烦的道德，说有道德功夫才能出来。我当时十分生气，觉得这钱花得太亏了。但是随着时间的流逝，我走过很多的国家，看到更多的世界，拜访各种各样的高人，开始不断地开启自己的心智时，我发现道德对提升智慧的确是非常重要的。

如果你想把你的智慧再往上提升一个维度的话，不妨对照反省一下我说的这些。想一想，什么时候你的心是安定的？如果你做了一件伤天害理的事，晚上你睡觉能踏实吗？中国有句古话叫“不做亏心事，不怕鬼敲门”。反之，做了亏心事心就无法安定。

因为我们每一个人的内心深处都是善良的，我们的心不喜欢我们的身体做不好的事情。如果我们能维持住我们的道德原则，能约束好我们自己的身体，这是给我们的心最好的保护。在这种状态下，我们的心才能够静下来，才可以更安静地展开，去看更多的事情。

宗教通过戒律对我们进行约束，但实际上戒律根本不是约束，而是对智慧还没有开启的小孩般的我们的一种保护。因为很多道理没有一定高度是没有办法讲清楚的，所以只能先硬性要求不能干这个事情，先形成好习惯，兴许以后有一天就会明白了其中的良苦用心。

第六章

万物互联时代的商业伦理

6.1 时代进化的规律

在我们做任何决策时，第一件事情就是先分析环境。在现在的新商业环境下，这个世界已经发生了什么样的变化呢?

美国未来学家托夫勒的《第三次浪潮》一书是他对人类文明进化阶段的一种划分。书中提到每一次的浪潮过来，都对人类社会产生了巨大的深远的影响。而第一个浪潮就是农业文明，当农业文明到来时，那时候的主要竞争是在竞争土地，竞争自然资源，竞争有限的空间。第二次浪潮是工业文明的到来。随着蒸汽机的发明运用，所有的工厂都提高了效率。那时所有的资本也都在尽可能地增加竞争效率。那是时间的竞争。等到第三次浪潮来临，也就是互联网的兴起，信息时代的到来，尤其是现在移动互联的到来，彻底地改变了我们的世界。这时的我们拼的是信息，是大数据，是商业智能。所有一切竞争的核心已经不再是时间，不再是空间，而是思维的竞争，是价值观的竞争。

第一次工业革命，俗称蒸汽机时代，那时关注的是如何提高效率。蒸汽机的核心是把水分子从固态转化成气态并产生能量，那时竞争起作用的核心是分子。

到了第二次工业革命，电力出现了，那时候的企业关注的是如何获得最大的市场份额。从微观的角度，那时是在竞争原子和电子。而在我们争夺市场份额的同时也出现经济危机、资源过剩、污染、生存危机等道德伦理问题。

等到了互联网时期，我们竞争的最基础单位已经不再是分子，不再是原子，而是比特了。这时候我们更关注的是如何优化产能，改革供给侧。这时候我们更加在意我们享受的权利、所处的环境以及生活的品质。从这个角度看来，我们从分子进入到原子，再进到更高层的比特；我们看到的是从大到小，从物质领域进入到了非物质精神领域。从空间到时间，指的还是物质的世界，到了思维的竞争，我们还是一体的。不管是从宏观还是从微观来看，我们都可以用简单的两个层次来表达，就是从物质层面的竞争开始进入到了精神层面的竞争。

每一次人类社会发生重大变革时，都是从生产力、从创新开始的。人们使用了新的生产工具，拥有了不同水平的竞争要素，再从生产力引发到上层建筑、社会结构，而引发到整个的产业结构或社会结构的变化，最终导致人类生活观念、思维方式发生变化。

6.2 互联网的到来彻底改变了我们的存在状态

那么，我们的世界已经改变成了一个什么样的世界呢？我们的周围发生了什么变化？看一看，现在的地铁里，电梯（楼道）里，巴士站上，甚至饭桌上，我们都在干什么？都在低着头用我们的移动终端跟外界保持联系。移动互联网的到来彻底地改变了人和人之间的关系，甚至是人与各种个体之间的关联都在变得越来越复杂。以前有 QQ、飞信，现在微信已经变成了国人沟通交流的主要工具，很多企业也开始有了微信公众号、社交媒体号。移动终端把人与人，人与社会，人与政府，人与世界，企业与企业，政府与政府，国家与国家都高度地关联在了一起。我们现在似乎进入了一个巨大的网络，我们每一个分子都在这个非常复杂缜密巨大的网络里纠缠着。

随着互联网经济的到来，我们发现，以前人们关注的是那些产品，现在人们更关注以产品为载体的服务和体验了。商业的重心也从原来的物转向了人。并且，我们对商业衡量的标准似乎也慢慢发生了改变，原来只是简单地从价值、利润出发，现在人们的观念已然发生了改变，转向了更多的观念。价值 + 观念就是我们所说的价值观。很多事情都会发生改变，而我们是否能跟得上改变呢？商业伦理的核心实际上就是在做商业决策时考虑更多的相关联因素，考虑不断改变的环境和不断从非常规渠道涌现出来的竞争对手。

在我还没有被联结在一起，供给关系还是远远供不应求的时候，就是你生产什么客户就接受什么，你卖什么别人就买什么，酒香不怕巷子深。

但随着互联网时代信息化的到来，这个世界已经被天上的卫星、海底的光缆牢牢地连在了一个巨大的网络上，竞争对手远在天涯近在咫尺，地域的限制已经消失了。也许你在北京的一个小村镇上开的店面对的却是阿尔巴尼亚的某一个小村庄，或是欧洲的某一个大牌。

时间限制似乎也越来越淡了。以前是固定开门时间——早八点到晚八点，现在全球范围内已经没有了时间的差异。时间和空间在物联网时代已经慢慢消失了。以前我们跟外界沟通是非常慢的，我记得我上大学的时候，还需要传达室的大爷或大妈喊“×××，你来信了”，于是颠颠地跑下去拿信，美滋滋地打开，然后一晚上都可以沉浸在这封信的幸福喜悦里。

而现在每个人早晨起来第一件事几乎都是打开手机，打开微信、QQ，吃饭时间看，路上时间看，上班时间看，一直到晚上回到家，睡觉之前还在看，也许梦里都会醒来看一眼。大家已经一天 24 小时都连在了一起。

随着时间和空间的限制的消失，商家会发现竞争环境变了，自己不再是被底下的客户眼巴巴地望着的老大了，我们的周围布满了竞争对手。正是在这种新环境下，所有的企业都面临着更加高度的竞争，日子越来越不好过了。而那些原来十分被动的、没有多少权利的消费者似乎变成了世界的中心，企业不得不开始考虑消费者的利益，甚至是开始讨好消费者了。

这时候的竞争已经不再是随心所欲的了。互联网时代，我们的一切行为都会在网上留下痕迹。我们在淘宝、京东上买东西，收到货之后，店小二最关切的是“亲，给个 5 分吧”“亲，给个好评吧”，人们的消费已经发生了彻底的变化。我们似乎到了一个有点陌生的世界。实际上从物理的角度来说，我们已经开始进入一个更高维度的世界。

经过农业革命、工业革命到信息化的发展进程，我们也慢慢从物质层面上升到了更高的心智层面甚至是心性层面。企业如果希望长久的成功，有没有准备好适应这个改变就显得尤为重要了。

6.3 对互联网意识形态的思考

亚当·斯密的《国富论》一度被奉为经济学宝典，里面有一句话是这样的：所有的经济活动的起源都来自交易。这非常好理解，有了交易，货品动起来了，信息动起来了，于是金钱也动起来。而所有的交易成本的高低都与信息获取成本或者说交易达成的运输成本有关。

以前经商的人叫作“生意人”，生意就是指拥有不同于别人的信息、资源或人脉，从中赚取差价。但现在信息的获取成本已经变得很低很低了，几乎是零。以前需要自己骑个小毛驴到邻村办货，现在只需网上操作就能坐等快递小哥送到家门口了。也就是说，亚当·斯密描述的经济活动的本质已经发生了改变，由互联网时代出现的第三次浪潮，信息的流通大数据的到来让整个传统企业彻底改变，也让人们对企业经营甚至对世界的看法都发生了天翻地覆的改变。

前段时间，很多人都在骂马云，骂阿里巴巴，骂京东，说互联网电子商务把中国制造业都给毁了，把实体经济也毁了。其实这就是因为人们没有认清世界已经发生了巨大的改变，还停留在以前传统的以物为中心的观念里。

以前我们认为企业是生产了一样东西然后把这个东西卖出去就完了。而现在已经没有那么简单了，因为生产这个东西的不再只有你，还有很多其他的企业，商业的起点已经不再是工厂了，而开始进入到了市场；也不再是由工厂说了算而是市场最终决定了。

这是我们整个的意识形态发生了转变，因为世界已经变了，人们不得不随之改变。以前我们只要关注自己的生产就可以活下去。在互联网时代，我们要从关注自己的产品转向开始关注客户的需求，从关注自己的工厂到开始关注市场，从关注自己的利润到开始关注客户的利益。而且，我们以前怎么样对待客户是我们跟客户之间的事，跟别人没关系，但现在我们跟客户的一切行为都会在互联网上留下痕迹。现在的互联网变成了一个巨大的活的有智力的东西，只要连上网，漫天遍地都是“摄像头”。

互联互通时代的到来让人们都纠缠在了一起，我们也看到了一个趋势：我们的世界观在改变，整个商业决策的模式也发生了变化。刚开始我们只关注自己，慢慢地开始关注他人，除了自己的利润也开始关注客户的利润了。

在经济越来越发达，信息越来越多，竞争越来越激烈的情况下，我们不得不从更高的哲学层面上，从利己转为利他，这时候已经不太可能以低成本去伤害别人了，因为互联网时代一件坏事的传播速度比一件好事的传播速度至少快了20倍。这个趋势让我们不得不更多地考虑，甚至是超越于商业伦理，不只是不伤害别人，更要尽可能地利益到他人。

现在的经济竞争环境让我们不得不从利己开始转到利他。这已经超越了伦理，体现了更高层面上人的美德，人本性的美德。这对商业伦理有着巨大的启发。随着这个改变，我们的竞争已经不是在地盘、效益上，我们现在更多的是在竞争思维、竞争价值观，甚至是道德观上。

在我看起来，未来的商业竞争，随着制造业水平的不断提升，随着信息越来越丰富，任何物质层面的竞争都会迅速被高效的模拟所取代。我们在物质层面的竞争优势以后会越来越少，以后的竞争是在价值观的层面、思维的层面、商业伦理的层面进行的。所以，为了能在商业决策中不断地获得成功，我们要越发地加强自己的道德修养和商业伦理素养，从原来的利己主义、功利主义向更高的维度提升。

再回到湿猴实验，现在的我们到了什么阶段呢？猴子们已经在笼子里待了很长时间，如果它们无意间捡到工作人员的有无限电量的手机，并且学会了怎样使用，可以跟外界联系，可以搜索了，这时候猴子们可能会慢慢开始理解，为什么它们爱吃的香蕉一定要跟一顿暴打连在一起，笼子外面可能有什么，是谁设定了这个倒霉的香蕉 - 喷水规则……

这个阶段的猴子已经开始试图用各种各样的工具冲破这个看不见的笼子，伸到更高的层面去看看这一切为什么发生。

第七章

古老东方智慧对现代商业伦理的救赎

前面我们提到，不管是道德哲学、伦理学或是商业伦理学，好像都走到了死胡同，从理论走到实践时都有一点找不着方向的迷茫了。但在我研究东方文化时想到了一丝希望，我走了那么多路，看了那么多东西，恰恰觉得当西方的很多东西走到极致的时候，正是东方文化开始起作用的时候。因为东方文化有个特别美妙的地方：它是介于哲学和宗教之间的。

7.1 《孙子兵法》与道

说起中国古代贤哲的智慧，我们可以统称为儒道释。但东西方都在用的、跟商业最近的就是《孙子兵法》。

《孙子兵法》可以说是中国献给世界的一个宝贵礼物，国家领导人经常把《孙子兵法》作为礼物送出。《孙子兵法》已经变成了美军知识体系中必不可少的一部分，是美国陆军司令部指定的必读书籍，并且，海军陆战队甚至美国军情局以及中央情报局也把《孙子兵法》列为十分重要的阅读科目。

哈佛的营销课居然也用《孙子兵法》讲课。仔细看艾·里斯、杰克·特劳特合著的《定位》或《商战》，可以从中看出《孙子兵法》的痕迹。《孙子兵法》写的是打仗的兵法，但是为什么在商学院会经常听到《孙子兵法》呢？因为商场如战场，很多时候也需要管理者迅速做出决策。

据说在日本，关于《孙子兵法》的书多达五百多种，无论是日本的学者还是商界都十分推崇《孙子兵法》。一位日本学者曾说过："二战"以后日本的企业之所以能够战胜美国很多国际大企业，靠的是两样东西，一个是西方的管理方法，另外一个就是《孙子兵法》。西方的管理方法主要指的是美国的管理方法，主要都是术，而《孙子兵法》是道！很多美国的管理学家、史学家都说想成为一流管理人才就必须去读一读《孙子兵法》。

7.1.1《孙子兵法》的思想基础

我们很多人都误以为《孙子兵法》是很多的招数，这是一个特别大的误解。

《孙子兵法》的核心是教大家如何打胜仗。但是在《孙子兵法》的第一篇第一章中有一句"兵者，国之大事，生死之地，存亡之道，不可不察也"。兵法教的第一件事情是先不要激动，要静下来，先察再打。

那我们应该先察什么呢？孙子告诉我们要察五件事情，"为将者，要经之以五事，校之以计，而索其情：一曰道，二曰天，三曰地，四曰将，五曰法"。第一不是天，不是地，不是彼，不是己，不是将也不是法，而是"一曰道"。《孙子兵法》将打胜仗最重要的第一个环节归为道，这难住了很多现代读者，我研究了很多年的《孙子兵法》也发现很多人都忽略了这最重要的一点而直接跑到后面的具体打法上去了。

道在古代是特别重要的，《道德经》一书就花了大量的篇幅来描述道，但在最后总结道是什么的时候却只有一句"道者，令民与上同意。可与之生，可与之死，而不危也”。这是合道之后的结果，再往下就没再讲道了。为什么这么重要的东西老子没怎么说呢？因为那时候人们的智慧远远高于现在，那时候的人们应该都知道道是什么，现在的我们已经不知道道了。

我们之前谈论过一个问题：“现代人的智慧比起古人的智慧，比如公元前两千多年前的古人，哪个高哪个低？”我们说的不是知识是智慧，因为随着科技的发展和进步，我们积累的知识肯定是多于古人的，但当时的智慧肯定远远地高于现代人的智慧。这就是我特别推崇中国传统文化的原因，古代先贤们留下了特别多充满智慧的东西，很多都是我们现代人没有办法完全读懂的，比如说《孙子兵法》《道德经》《心经》《金刚经》等，都非常博大精深。

7.1.2 孙子成书的时代背景

《孙子兵法》又称《孙武兵法》《吴孙子兵法》《孙子兵书》《孙武兵书》等，作者是孙武，出生在春秋时期的齐国。要了解《孙子兵法》最重要的一点是要了解道。而道，他在书里没有提太多，我们只能回到历史，还原当时的背景来理解。可以肯定，没有哪个人的思想是从虚空而来的，都是受到前人的影响，那么在孙子成书的年代，他是站在哪个巨人的肩膀上呢？

《孙子兵法》成书于春秋时代，当时诸侯争霸，战争绵延。春秋的两百多年发生了大量的战争战事，让《孙子兵法》最终成书。

孔子曾经有个愿望：“朝闻道，夕死可矣。”听说邻国有个高人老子，孔子就去拜访他了。当时的老子年纪已经很大了，胡子都已经白了。孔子很恭敬地去拜见老子，并带了一只鹤去。老子留下了《道德经》一书,《道德经》核心就是讲道，讲德。

孔子也是春秋时期的人物，他的主要思想体现在四书五经等著作中，包括《大学》《中庸》《论语》《孟子》等。世人推崇孔子及其弟子的著作为“半部《论语》治天下，一部《大学》知天下”，可见他的思想有多妙。相传为孔子所作的《易经》，内容包括《经》和《传》两个部分。《经》主要是六十四卦和三百八十四爻，卦和爻各有说明（卦辞、爻辞），作为占卜之用。《传》包含解释卦辞和爻辞的七种文辞共十篇，统称《十翼》。可见，孔子的境界极高。

孔子的主要思想可以概括为仁、义、礼，智和信是后面的儒家学者加上去的。他当时提出的仁、义、礼，是孔子有感于在春秋诸侯的不讲礼仪、不讲道德。他特别希望能回到西周时候的国治民安，所以提出克己复礼。

老子的核心思想是道德，而孔子的思想是仁、义、礼，这几样东西看似跟行军打仗风马牛不相及，这二者是怎么会结合在一起呢?

《孙子兵法》的第一章讲武士的第一件事情是道，那么道是什么呢？孙子并没有仔细地讲明白，而在老子的《道德经》中就有专门讲道的部分。

7.1.3《道德经》中的“道”

老子出生于春秋时期的陈国，约公元前571年。老子、孔子、孙武三人当中老子的年纪最长。老子在当时相当于现在的国家图书馆馆长，饱览群书，学问极其深厚。老子唯一留下的《道德经》也有点故事。当时老子准备隐退，骑着青牛到了函谷关准备出关，恰巧被太守伊喜看到紫气东来，心想一定是一位高人，于是一定要老子留下点东西才能出关，于是老子当场写下《道德经》。

《道德经》非常难读懂，我读了二十多年，遍访高人也不得其中奥妙。直到后来有机会读懂了《心经》和《金刚经》，回过头再看《道德经》才看明白了一点。

《道德经》第一章老子就告诉我们：“道可道，非常道，名可名，非常名。”也就是说，道实在是很难说清楚的，道要靠自己去悟。所以不同的人看《道德经》会看出很多不同的东西，而实际上那都是你自己的心的体现。

《道德经》的道也就是《孙子兵法》打仗的第一个要素。

在我大学时代的一个星期五下午，我看到了十分美妙的一章，即《道德经》的第二十五章。“有物混成，先天地生。寂兮寥兮，独立而不改，周行而不殆，可以为天地母。吾不知其名，强字之曰道。”前面的四句读起来就非常辉煌，它描述了盘古开天地的景象，用现代语言说，那就是大爆炸时刻。大爆炸形成了宇宙，而大爆炸是在 138 亿年前，老子却是公元前五百多年的人。那公元前五百多年的人是怎么知道 138 亿年前的事情呢？《道德经》里有一句“不出户，知天下；不阙牖，见天道。其出弥远，其知弥少。是以圣人不行而知，不见而明，不为而成”。老子说不出门户，能知天下大事，不窥视窗外，能知天理人心，所以圣人不必亲身经历就知道事情的始终，不必亲眼去看就明白发生了什么，不必亲自去做就能让事情成功。这是非常不可思议的。他是怎么看到的呢？就是在一坐之上，一垫之上。

而老子描述的宇宙的境界“寂兮寥兮，独立而不改，周行而不殆”。当你闭上眼睛念这几句的时候，你的眼前就会出现一片辽阔壮丽的景象。当我第一次读的时候，正是这几句话牢牢地抓住了我的心，让我愣愣地定在那里很久。而后面描述的宇宙景象更是深远，连我们现在的科学都还没有达到。他后面是这么说的：“大曰逝，逝曰远，远曰反”，而我们知道现在的宇宙是在不断膨胀的，至于它离我们多远了，我们现在的科学都还不知道。最近的一次诺贝尔物理学奖的理论只是告诉我们宇宙还在不断地扩张。而老子告诉我们：它不但会扩张，将来还会回来。

这是非常不可思议的，这就是为什么我看到这一章以后，不再看其他的西方哲学的东西了。哲学是大家在试图用理性、逻辑、推理来了解世界的样子，而老子是直接看到了，并如此肯定地描述出来了。这种描述深深地抓住了我的心，让人能够感同身受地体会到宇宙的寂寥苍浩。

在中国的语境里有茶道、花道、剑道、商道等等，其实一切道都出自老子的《道德经》的第二十五章。道有史以来第一次被老子明确地描述出来：“吾不知其名，强字曰道。”在老子之后，才又出现了很多种道。这年头，一旦要说高人都说是得道之人。孔子也说“朝闻道，夕死可矣”。可见，道在大家的心中分量之重。

那么道到底是什么呢？《道德经》仁者见仁智者见智，在第二十五章中有一句已经描述了道的定义了。如果你的悟性够深厚的话，也许就能悟出最重要那个字。我悟了 25 年悟到的就是一个字——母，“可以为天地母”。

母意味着什么？众所周知，母跟子相对应，在子的面前，母的特性就一个字——爱。母亲对孩子是完全没有条件的全身心的大爱，只付出而不求任何的回报。老子认为整个宇宙也是这样，宇宙中有一种终极的力量叫作爱。

这是老子第一次把一个字跟道结合在一起。随后他说："故道大，天大，地大，人亦大。域中有四大，而人居其一焉。"他认为天、地、道、人这四者的关系是一体的。而"人法地，地法天，天法道，道法自然"。人要效法于大地，其实也就是在告诉我们人所要遵守的原则，要效法大地。《易经》里有一卦叫坤卦，地势坤，君子以厚德载物。人们认为大地的特点是厚德载物，十分敦厚地滋养着一切，对生活在大地上的人们没有任何要求。而我们一般说大地是我们的母亲，把所有的垃圾都默默地接受下来，并转化成肥料继续滋养着芸芸众生。

而地效法着天，说到天马上就想到了：天行健，君子以自强不息。因为天上一片虚空，什么也看不到，就像跟坤卦相对应的乾卦。天行健，像天上的太阳那样周而复始，君子也要一样自强不息。其实太阳跟地比起来，又往前进了一步。太阳不断地用光芒照射着、滋养着万物众生，而这个光芒和温度都来自它燃烧自己。现代科学发现，太阳每秒钟的裂变都要燃烧自己的几千吨物质，再通过聚变把这些物质转化成能量散发到宇宙空间。所以天不但是利益大家，还是牺牲自己而利他。

而天是法道的，天地所拥有的特点都是来自道。不但利他，而且牺牲自己而利他，这就是道。而最妙的一句就是道法自然。因为我看了很多典籍，了解很多宗教及修行的法门法脉，无一例外的最高境界就是这四个字：道法自然。老子也说，道就是所有一切的本来面目，整个宇宙的本来面目，一切万物的本来面目，都是道，都是自然。

说到这个地步，如果我们还是不能完全理解道的话，那我们可以想一想自然意味着什么，春暖花开，春夏秋冬地球的运行周而复始，地球上最接近于前面所描述的母的是水。《道德经》第八章有这么一句："上善若水。水善利万物而不争，处众人之所恶，故几于道。"

水从来都是往低处走的，从来都不争，并且一直滋润着万物的生长。但我们人不但不合道，还老是笑话合道的东西，例如，"人往高处走，水往低处流"。结果是走得越高往下掉得越惨。所以在老子的观念里，从来不走得特别高。

水如果碰见一个强劲的山就绕而行之，在山的周围环绕出一条河流；如果碰见一个洼，就填上去变成湖。把水放在任何容器中，它都变成容器的形状。所以水能够利大家，滋润大家，因为水是柔和的。所以老子认为自然界中最坚强的是柔和的。这对我们的道德也很有启示：一个刚强的人一定是柔和的、遵守一切规则的。

特别让人震撼的 Great Canyon（大峡谷），延绵四百多公里，深达一千五百米的河道，更让我吃惊的是看到大峡谷的历史，居然是由看似纤细柔和的科罗拉多河在亿万年的冲刷下将山体切割出来的。水的力量如此强大，能把整块大地甚至是岩石挖开一个大口子，而水的特性又是温柔的，无我的。所以《道德经》里的伦理情怀告诉我们人如何效仿天、效仿大地、效仿自然、效仿水。到后面还告诉我们君子合道的办法，"居，善地；心，善渊；与，善仁；言，善信；政，善治；事，善能；动，善时”。所有一切的行为、举止、动机，都有一个共同的“善”，这是最重要的一个字。

《道德经》就是这么简单，道就是告诉你整个天道、人道、地道是怎样的，以及德显现出来之后是什么样子的。只要按照道去做，自然就是德，有了道必然就会有德。

7.1.4 利而不害，为而不争

《道德经》收尾的最后一章，也就是第八十一章是非常有深意的。按照一般的写作习惯，最后一句应该是收尾点题的，这句话是“天之道，利而不害。圣人之道，为而不争”。这是《道德经》最强调的两件事情，首先是利，这个利已经超越了我们所谓的伦理，到了伦理的更上一层——不但不害他，还要利他。

“道德”二字在西方的词根是拉丁文的 moral 或 morality，是一个字。而在中国则是“道”和“德”两个字，因为道是利，德是不害，古代贤哲们把这两个字完全地合在一起，形成利而不害。整本《道德经》就是告诉我们，一个道一个德，而我们更加推崇的是高于德的道。道是所有的从天地开始的大道，天道、地道、人道合在一起，而所有的道都是利。

而德是什么意思呢？在《道德经》第四十九章中“善者吾善之，不善者吾亦善之，德善。信者吾信之，不信者吾亦信之，德信”。“德”通“得”，取得、获得的意思。对于善良的人，我善待他；对于不善良的人，我也善待他，这样就可以得到善良了，从而使人人向善。如果你是合道的，你就什么都可以得到。只要你是合了道的，你的行为必然是得道的行为，而这个得道的行为反映出来的就是我们的道德。

其实在《道德经》里，在中国很多的思想里，并没有强调人们一定要遵守什么法律法规，而只是说人们应该遵守天地的大道，不要去伤害他人而是去利益他人。当你做到利而不害时，所有一切该成的事情就自然而然地都成了。

地之道在天之道之下，人之道在天地之间。如果能意识到这点，人们在做事情的时候就不再只是不害他，甚至还会利他。所以从《道德经》的角度来说，利他已经远远超越于道德了。而如果你了解了这一步，那你就能完全地读懂《孙子兵法》。圣人是合在天地之人，合天地之道是为王之人，是为而不争的。

为而不争意味着什么呢？争有可能伤害到别人，所以我们只做对别人有利的事情。老子说，圣人功德成而名声退，像水一样往低处走。而办这个功德是为了众生的利益。当你意识到什么是利而不害，为而不争时，你就是一个高人，带兵打仗能打赢的高人，你就可以理解为什么《孙子兵法》的第一章是讲道了。

《道德经》的这句话我几乎会给每一个在商学院上 EMBA 课的企业家讲。我不是跟他们说道德，因为一个 EMBA 班他们有可能是花了百来万来上课的，必须教给他们一些有价值的东西。而对他们来说，最大的价值不是让他们遵守法纪，而是怎么在商场上取得胜利。而在竞争战略里，在营销战略，在创新中，最好的打赢的方法是什么呢？其实，所有一切的赢都是符合《道德经》的第八十一章这句话的，利而不害，为而不争。这就是先贤们的智慧，很多在西方伦理学上很难解的事情，一个“利”字把所有的事情都给解了。

所以，《道德经》的两个层次着重的是道，德只是道的体现。没有了道才要有德。老子说：“失道而后德，失德而后仁，失仁而后义，失义而后礼。 夫礼者，忠信之薄而乱之首。”当你做一个合道的人，你是完全自由自在的，就像孔子说的“七十而从心所欲不逾矩”。在道的层面你是完全自由的，你是在更高的维度上享受自由，享受在天地之间自由驰骋。

7.1.5《孙子兵法》的核心

当我们知道了《道德经》的道是利而不害，为而不争时，再反过来看《孙子兵法》就一目了然了。《孙子兵法》虽然说的是打仗，但它一定是合道的。那大家一定觉得很矛盾，打仗怎么可能利而不害，为而不争呢？其实这就是《孙子兵法》最核心的地方。

大家觉得《孙子兵法》讲的都是招数吗？绝对不是，要知道《孙子兵法》和所谓的三十六计根本不是一回事。那么打仗时如何为而不争呢？也就是说怎么能够遵守伦理呢？其实这时候我们已经不只是在遵守伦理了，而在遵守整个天地大道。因为战争的本身就是合道的，止戈为战，是为了不战的目的而去打仗的，此乃合道。

当别人为了利益挑起战争的时候，要想战胜他，依然要合道，依然要利而不害，为而不争。所以《孙子兵法》的核心就是不战。打仗最好的结果是打赢，战略的最高境界是百战百胜，但《孙子兵法·谋攻篇》里面有一句“是故百战百胜，非善之善者也；不战而屈人之兵，善之善者也”，所以《孙子兵法》通篇都在说怎么不战。

利而不害，为而不争，这才是真正的战略艺术。怎么能够做到这点呢？这就是整个《孙子兵法》的妙处。《道德经》讲“道”，儒家孔孟讲“仁”，而孙子讲“全”。《孙子兵法》里，“全”是重复得最多的一个字。在第三章用兵之法中，“全国为上，破国次之；全军为上，破军次之；全旅为上，破旅次之；全卒为上，破卒次之；全伍为上，破伍次之”，打仗的时候对于国家来说，尽量让它保持齐全完整，这也是利而不害，为而不争。也就是说在作战的时候，最好的结果就是全，不要伤害它，要全部地得到它。从作战的最小单位开始，全职、全伍、全卒、全旅、全军，甚至是全国，国都全之。

《孙子兵法》中“全”字不断地出现。“全”字拆开是上人下王，所以在我看来，《孙子兵法》就是教为人之王、为兵之王的一本书。

而“王”字是三横一竖。三横代表三道，《道德经》中说了，天下之大有几大，天大、地大、人亦大。而这三横就代表了天道、地道、王道。

我们有一个成语，不三不四，这是一个贬义词，形容某人不伦不类不像样子；也指行为不端，不正派。而当中的三和四指什么呢？《易经》里有六爻，上面两爻是天，下面两爻是地，中间的第三爻和第四爻就是人了。如果不知道守伦理道德，那就没个人样，那就是不三不四。所以，古人认为，一个不守人伦的人根本就不能算作是人。

伦理学一直是告诉人们怎么做一个好人。如果想成功想成为王者，必须三道合在一起，把天道、地道、王道融会贯通。实际上，伦理之道，只是天道、地道在人间的一个反映而已，没有什么特别的。所以东方的伦理文化是远远超越于西方的。《孙子兵法》通篇都是在教人们怎么为王，如果能带着为王的心，不管是敌人还是朋友都要成全他们、不伤害他们。这是最妙的地方，远远超越了各种招数，甚至超越了战场本身，是站在更高的世界和维度上俯视地球上的战事。

所以，大家有机会一定要把《孙子兵法》拿来读一读。中国古代先贤们的智慧是奇妙无穷的，正是这本书，让我的很多课程，如营销课、创新课和商战模拟课能够在众多的EMBA课程中脱颖而出。

7.2 阳明心学与伦理道德

在中国的思想发展史上，有一位大家的思想对现在的商界甚至是政界影响非常大，那就是阳明心学。

儒家是在春秋时候兴起，由孔子开始，到了汉代达到了“独尊儒术”的最高峰，之后一路下滑，直到宋代重新兴盛起来。

孔子当年一直是不得志的，他周游列国所宣扬的儒家思想，并没有被当时的统治者们接受，直到汉代汉武帝时期才得到重视。

西汉初期，各家思想各种流派百家争鸣，汉武帝采纳了董仲舒的建议，“罢黜百家，独尊儒术”，以此来统一思想，加强专制主义中央集权制度。为什么这时候的儒家思想能得到统治者的高度认可呢？因为儒家思想提倡皇帝的地位是不可动摇的，天子的权力是上天赋予的，是天理，所有人都应该遵守。

当时儒家主要推的是三纲五常。所谓三纲是指君臣要义，父子要亲，夫妇要顺。五常就是仁义礼智信。其实，孔子当时描述的是三样东西，叫仁义礼。孔子提倡克己复礼，回到西周的礼数，而董仲舒又加上了智和信。在这一政策指导下，汉朝在太学设立五经取士，用儒家经典来教育贵族子弟。选拔官吏，因以儒家学说成为标准，从此，儒家成了中国封建社会唯一的统治思想，成为维护封建统治的正统思想。

于是，一个有利于封建专制统治的政治伦理道德体系完成了，我管它叫“政伦合一”，政府跟伦理学合一。而这个政伦合一正好跟欧洲的哲学思想史的一段历史十分相近。罗马帝国时期，统治者也发现需要一个思想来维护统治，于是他们选择了基督教。而基督教的教义中就有很多伦理的内容，罗马帝国那时候实行的是政教合一，最终当罗马帝国逐渐衰弱时，整个伦理学跟当时的经院哲学都在证明君权神授是错误的。

从“独尊儒术”开始，中国传统文化就因为一枝独秀而慢慢地衰落，直到新文化运动、五四运动，西方列强用坚船利炮打开了我们的国门，我们的文化自尊心丧失殆尽。于是我们逐渐忘掉了伦理，忘掉了底线，走向了学习西方的路线，而西方的哲学在经过了罗马帝国之后，伦理学中关于爱的部分已经被抛弃了。我们学的是已经在走下坡路的西方哲学。

儒家在被汉武帝推起来以后，实际上是虚高，并不扎实。于是到了晚期儒家的名声很不好。真正让儒家思想再次大放异彩的是明代著名的哲学家、思想家王阳明，那是一个真正的思想高潮。

7.2.1 儒家的第二个高潮：阳明心学

王阳明的儒家跟以前的儒家传承有什么不一样呢？我们先说说王阳明这个人。

王阳明是历史上少见的一个大家和全家，精通儒、释、道三家学说，并在儒家的基础上创立了自己的心学。儒家讲求立功、立言、立行，而王阳明是少有的能够把这些都做到的人，他虽然是一个文官却可以统军征战，是历史上少有的文武政全成的大儒。他官至兵部尚书，在平定了南方的叛乱之后，他又被加封为侯爵。王阳明无论是在军事上还是政治上都达到了极致。当时人们有句话说，明朝的朝廷里惹谁都不能惹王阳明。

王阳明及他的阳明心学，对整个后世的儒家和整个的汉文化圈都产生巨大而深远的影响。我们看一个人厉不厉害都是看他的粉丝是什么人，曾国藩就特别推崇王阳明。后期的梁启超、章太炎、孙中山、蒋介石也都是他的粉丝，蒋介石到了台湾之后把台湾的一个草山改名为阳明山。在近代的汉文化圈里，包括日本和朝鲜半岛上，王阳明都非常受欢迎。

王阳明的心学跟以前的儒学有什么不一样的地方呢？一个是从内往外，一个是从外往里。从汉武帝时期开始推行的儒家思想，将三纲五常归结于天理，是天子制定的，这是一个官方哲学。所以我们要先知，先知而后行，要格物致知。

王阳明是受儒家传统文化熏陶长大的，他一直追求圣人的境界。格物致知作为中国古代儒家思想中的一个重要概念，出于《礼记·大学》的八目——格物、致知、诚意、正心、修身、齐家、治国、平天下——所论述的“欲诚其意者，先致其知；致知在格物。物格而后知至，知至而后意诚”。但《礼记·大学》文中只有此段提及“格物致知”，却未在其后做任何解释，也未有任何先秦古籍使用过“格物”与“致知”这两个词而可供参照意涵，使“格物致知”的真正意义成为儒学思想的难解之谜。为了搞懂怎么叫格物，王阳明就去格他们家后院的竹子。就这样白天黑夜不合眼，风吹雨淋不停歇地砍了整整七天的竹子之后，没有把竹子格出来，倒把他自己格倒了。他在病床上叹气说道：或者我不是圣人，又或者这根本不是成为圣人的方法。

他真正明白格物致知是他被陷害贬官经历人生最低谷的时

期。当时宦官刘瑾把整个朝廷搅得鸡犬不宁，偏偏皇帝还非常信任他。刚正不阿的王阳明跟宦官刘瑾展开了争斗，最后被陷害发配龙场，路上还被一路追杀，九死一生到达了龙场驿站任驿丞。当时的王阳明从京官变成了贵州边境的招待所所长。由于地方特别偏僻，驿场里什么也没有，生活非常艰苦。于是王阳明就居住在龙场驿站的一个山洞中，思考自己的苦难与人生。有一天半夜里，他猛然惊起，悟到了三个字——致良知。以前的儒家讲格物致知，到了王阳明这里发展为致良知。

以前的哲学都是说儒家思想宣扬的都是天理，是天上告诉大家要遵守的一些道理。要知道极致的地方就要格物致知，从具体的事物里能够格到它。也就是说，真理是在外界的。而良知有两层含义，一层是知识的意思，而另一层意思非常重要。《孟子·尽心上》中描述的良知是“人之所不学而能者，良能也；所不虑而知者，其良知也”。不虑而知，就是没有考虑没有去想去琢磨就知道了，良能和良知都是先天具足的。先天具足的思想接近于古希腊先哲苏格拉底和柏拉图的观念，又类似于文艺复兴时期康德《纯粹理性批判》里的先验论。其实王阳明发现的是所有的心和理都是从里而来的，所以在他的《传习录》里有一句话是这么说的，“心者，身之主也”。王阳明认为，我们的身体其实还有一个主人——我们的心。他说“心之虚灵明觉，即所谓本然之良知也”。所以，良知是每个人本来具足的，是我们的心的本来面目。

而我们心的本来面目跟道家的哪句很相近呢？《道德经》第二十五章中有一句“道法自然”，而王阳明说“良知即是道”。王阳明也曾经非常喜欢研究道，在他结婚的前一天，全家都找不着他，原来他跑到一个道观，跟道士聊了一宿，天亮了都不知道。

王阳明认为良知就是道，那么良知在哪里呢？良知即人心，是每个人都有的心，不是专指圣贤的心。所以他说不但圣贤有良知，常人亦无不如此也。

他在贵州龙场任驿丞时，曾捕获了当地一个罪大恶极的强盗头目。该头目平时明火执仗，杀人越货，无恶不作。在受审时，他很爽快地对王阳明说："我犯的是死罪，要杀要剐，任你处置，只请你不要和我谈道德良知。像我这种人是从来不谈这个的，甚至连想都没有想过。"

王阳明当即说："好的，今天我不和你谈道德良知。不过，天气这么热，我看在审案前我们还是把外衣脱了吧。"

强盗头目原来是被捆绑着的，脱外衣意味着松绑。于是，他赶紧说："好！好！脱。"

脱去外衣后，王阳明又说："还是热，再把内衣也脱了吧。"

强盗头目当然不会在乎赤膊，于是就脱了内衣。

这时，王阳明再说："还是热得不行，我们再把外裤也脱了吧。"

强盗头目也说好……最后庭上庭下两人身上只剩下裤头儿。

而此时王阳明更进一步，说道："干脆我们把裤头儿也脱了吧，全身赤裸更自在……"

一听说连裤头儿也要脱，强盗头目赶紧说："这可使不得！万万使不得！"

面对此情此景，王阳明当即来了一番水到渠成的因势利导："为什么'使不得'？这是因为在你心中最后还剩有那么一点儿羞耻感。而这点儿羞耻感又何尝不是‘道德良知’的某种表现。一个新生儿是决不会在乎自己光屁股的，可见就算是像你这样十恶不赦的家伙，我照样可以和你谈‘道德良知’……”

为此，强盗头目口服心服，在王阳明所标举的“道德良知”感召下，将自己的罪行一一如实供出。

贼人也是有良知的，其实王阳明的这个故事就说明了良知是我们每一个人本来就具足的。我们中国人说良心，也是本来就有的心，而且这个心是善的。

康德说内心的道德准则让他震撼，康德也认为道德准则是内心里与生俱来的，当然王阳明的致良知比康德早了两百多年。

从“致良知”可以看出，阳明心学跟之前的程朱理学彻底地了断了，以前是先知后行，而阳明心学是知行合一。知行合一是阳明心学最重要的一点，行和知是合在一起的，一定不能先知而后行。因为一旦先知而后行，就会衍生出王阳明时期的官场乱象。官场上的这些人，儒学都很了解，但都没有道德，碰见恶不能挺身而出。先知后行，一个“后”字给了你无穷的借口，让你根本就不行。于是就有了“满口的仁义道德，一肚子男盗女娼”。

对我来说，要判断一个人是否值得相交，我一不看他的文字，二不看他的语言，我只看他的行为如何。一个人的行为是最能反映他的本心的，行为是心的显现。

阳明心学的知行合一也跟佛家的“闻思修行”特别相似。佛家讲求闻思了之后再修，修好了之后才是行。阳明心学是直接给出了最后的结果，他隐住了一个最重要的东西——修。因为人们一说到修，总是下意识地以为要到山里枯坐才是修。王阳明是特别看不惯什么也不干就打坐的行为的，所以他摒去了“修”这个词，用“定”字来代替了，他说学问做得深厚就有定力，但是一般人是不太可能的。这也是我们现代人学阳明心学很容易忽略的一个地方，以为只要闻思就可以了，但其实闻思之后还差一个修，之后才有行。最终的结果是让人看起来一定是知行合一的。

所以，如果能真正地做到致良知，那绝对是已经达到了内圣外王，这是儒家和道家的最高境界，也叫外儒内道，或是佛家的智慧圆融的成就者。

王阳明深刻地体会到了一点：良知对于统摄身心和应难适变有关键作用。我们所有一切的决策，不管是伦理决策还是商业决策，实际上我们所有的行为都需要一个类似这样的东西来帮助我们在极其困难的情况下做出正确的决定，这就是良知的妙处。

良知是人人皆有，并且人人得之便可成世间之事的一个大宝贝了。王阳明是这么说的，“良知二字，实乃千古圣圣相传的一点滴骨血也”。这个点滴骨血的形容让我看得特别感动，王阳明说的是心里话，他没有藏着掖着。他把他看到的所有一切高度地概括为三个字：致良知，三个字里包含了儒家、道家和佛家，并且连佛家的修行都包括在内。如果能把这点悟到了，那整个中华文化的精髓就掌握了。如果能再做到知行合一，那还有什么决策是做不下来的呢？这就是历史上那么多高人都如此推崇阳明心学的致良知的原因了。

总结一下。如果有了致良知，我们还需要伦理学，还需要别人的规范和约束吗？所有的一切都在良知。如果真正地做到了良知，此人已是内圣外王、智慧圆融的成就者，哪有世间和出世间不成之事。入世可以成就像王阳明这样的大事业，出世可以成就释迦牟尼这般的大事业。这就是儒家思想最精妙的地方。

7.2.2 东方智慧的启发：大道无我，大道利他

兵家、道家、儒家、佛家等那么多东方的古老智慧都在说一件事情，怎样达到最高妙的境界。如果我们能达到这个境界，我们是与天地合一的。与天地合一时，我们在天地间做事就无往而不胜了。

我现在已经年过半百，教了那么多的企业家，给那么多企业指导过，还有很多企业在不断地请我回去上课。如果我能把世上所有的道呈现在大家的面前，那会是什么东西呢？其实，这茫茫世间之道，不管是天道、地道、商道、人道，一切的道，无一例外都可以用八个字或四个字来概括。就是“大道无我，大道利他”，简化一点就是“无我利他”。如果有什么能帮助大家做所有的决策、所有的事情，那一定是这四个字。

那么，无我是什么呢？因为我们人很多时候都会过多地关注自己的利益，所有的思考就会被牢牢地圈在那个小小的“我”里面。而所有的智者，一个高尚的人一定是“我”比较小的人；一个伟大的人一定是为更多的人着想的。就像老子说的水一样，水的特点就是无形无我，把它放到杯子里就是杯子的形状，放到瓶子里就是瓶子的形状。因为没有“我”，所以它是合道的。假如我们也能做到没有“我”的话，那商业的成功，所有一切的成功都唾手可得。

怎么做到无我呢？是通过不断地践行利他，慢慢地去掉“我”。如果“无我利他”这四个字大家能够记住的话，可以受益终生。这四个字也是我所有课程最后结尾的时候都会提出的。不管营销课、创新课还是领导力的课程，讲到最后都会发现所有做得对的人一定是无我的、利他的。攻击竞争对手一直都不在我们的考虑范畴之内，我们更多的考虑是如何利他，如何在没有“我”的状态下利他。其实，一切伦理问题的最终原因都是那个“我”太大了。如果能把“我”变得小一些，把“他”看得大一些，那么伦理问题根本就不存在了。就像道德，其实它是只有道没有德的[①]，到了更高妙的境界，自然而然你做的事情就是道德的，你自然而然就是遵守道德的。

所以，东方的古老智慧给了我一个重大的启发。

在解决西方的伦理困境时我说过，我们在这个困境的边缘，我们就像是笼子里的猴子，很多事情是搞不明白的，于是还在纠缠多一点少一点的问题。其实我们不如往前迈一大步，仰望星空，俯瞰天地。康德说世界上最令人震撼的两件事情是仰望星空和审视自己的内心道德。但在我看来这根本不是两件事，而是一件事。当我们真正地仰望星空，想象着人在宇宙之中的位置，感觉到天人合一的时候，自然而然我们的内心就会涌起强烈的道德感。并且这个道德感远远地超越于一般的不伤害别人的心，而是一个更加慈悲的恢宏的心，是利益到天下所有苍生。在这种状况下，伦理问题几乎已经不存在了，全都化解了。

---

① 道德包含两层含义，在高处它是只有“道”没有“德”的，不能达到高处的“道”，才需要后面的“德”。

这就是东方解决这个问题最妙的地方。就像老子说的“失道而后有德，失德而后有仁”。假如你是遵循道的话，根本就没有德这个事了。因为“天之道，利而不害，圣人之道，为而不争”。如果能做到这个层面的话，只是利，只是为，那根本不需要再遵守什么道德，这样的行为本身就是道德的。而如果人们没有道德，没有很高的德行，我们才要再降一级，用仁来约束人们的行为。仁实际上就是两个人，就是不害别人，而我们的伦理道德的核心就是不害别人。所以老子解决问题是直接奔着道去，有了道，德的问题自然就解决了，仁的问题也解决了。

其实，东方智慧所有这一切就是帮助我们成就的，无论是在商场上，还是在战场上，甚至是在情场上，所有一切有竞争关系的时候，道都是可以用的。当你做到无我而利他的时候，一切你想得到的都可以得到。因为当做的所有事情都符合天道地道，符合天地之间的大道，那就可以拥有一切想拥有的。所以我认为，西方的伦理问题和决策问题的一个最终解答就是无我而利他。

7.3 佛法是科学的伦理学

说到东方智慧，就不得不提佛家。了解的人都知道，佛教是无神论的，释迦牟尼佛并不是神，佛陀 Buddha 意为觉悟的人，觉悟就是获得了圆满的智慧。佛家认为当获得圆满的智慧时你必然就脱离了苦海，有了无比的安乐和快乐。所以佛教是希望引导大家通过闻思来相信里面的道理，而绝对不是让你去迷信。佛教典籍中的道理都是可以通过实证得到的。

佛家是具备一定的科学性的。首先它是可以推导出来的。任何一个科学都应该合乎明确的推理原则，辩证法在佛教徒那里已经达到了比较精细的程度。恩格斯在《自然辩证法》中说，只有辩证的思维才是有效的，东方的佛教徒和希腊人处在人类辩证思维较高的发展阶段上。马克思、恩格斯都很推崇佛教里的辩证法，它的逻辑是十分严谨和周正的，这也是为什么很多的科学家，尤其是物理学家，在晚年的时候，在达到了科学的最高峰之后开始喜欢佛法、了解佛法。

佛法不但是科学的，并且佛法的很多发现已经远远超越了科学。比如佛经，佛经都是在 2500 年前就成形的，《毗尼日用》里有一句话叫“佛观一钵水，八万四千虫”。而我们知道水里有虫、微生物是在有了显微镜之后，而显微镜是近代才发明的。在《大宝积经》第五十五卷的第十三章里面，有这么一段关于胎儿的描述，说胎儿在肚子里第三十几周的时候感觉肚中无趣，嘬手取乐。这是多么令人震惊的描述。而医学上是有了 B 超之后才知道胎儿在肚子里会嘬手的，而多普勒的彩超面世才二三十年，佛陀却早在2500年以前就告诉了我们这个真相。

另一方面，佛法从来没有变过，而科学每一次的进步都是在离佛法更近一些，就像现在很多量子力学的新发现，关于宇宙的新发现，都在不断地印证佛法的道理。

佛家主要分小乘和大乘，但在中国流传的主要是大乘佛法，它有三个最主要的宗派：净土宗、禅宗和密宗。佛法的核心思想是苦集灭道。佛法把人生苦分为八种：生、老、病、死、爱别离、怨憎会、求不得、五蕴炽盛；“集”就是苦的原因，“灭”就是熄灭了痛苦之后的清凉与喜乐；“道”就是证得“灭”的道路、方法。怎么寻找快乐和智慧呢？佛法告诉大家，首先要意识到这个世间是苦的，苦的原因是我们的贪嗔痴，而灭和道是可以摆脱苦的。道就是整个佛法修行的道路，也是佛法达到快乐和智慧的方法。另外有三个字叫戒定慧，要达到智慧，首先要能够定心。而为了能使心定下来，就要先守佛家的戒律。于是佛家有居士戒、五戒、十戒、波罗蜜多六戒、菩萨戒等等。如果用简单的话来描述佛法是什么，可以说佛法就是我们的伦理学。

佛法的第一条四句偈叫“诸恶莫作，诸善奉行，自净其意，是诸佛教”。诸恶莫作就是说我们要有原则，任何不好的事情都不能做。而什么是恶呢？佛法很清楚地告诉我们五戒、十戒。还有最重要的一点就是诸善奉行，要在不作恶的基础上尽可能多地做善事，你才能达到内心很安定很安宁的境界。这四句偈是所有的佛都这么说的，所以又叫七佛通戒。由此我们看到佛法的一个基本出发点就是伦理，它十分确切地告诉我们要遵守的道德是什么，怎么样能够不犯这些戒律。佛家教义并不是有一个天神告诉我们应该怎么做，而是告诉我们为了能产生智慧我们应该怎么做。

7.3.1 戒定慧

现在很多企业家都有禅坐的习惯，其中最具代表性的就是乔布斯。乔布斯是修禅宗的，属于大乘佛法。佛法是为了产生智慧，而乔布斯通过禅修拥有了很大的智慧，带领苹果走向辉煌。

佛法的修行特别重要的一点就是怎样开始修，第一件事情不是定。在定之前先要戒。所以佛法有四个字叫“闻思修行”。要先听先思考，然后开始修，完了才能做出来。而怎么样能够修和做出来呢？首先就要戒定慧，通过戒律帮助我们的心安定下来，在定中产生智慧。佛法最基础的戒有五个戒，也叫居士五戒。不杀生，主要是指的不杀人；不偷盗，不偷盗别人的东西；不邪淫，不做非法的男女交往；不妄语，即不为了自己利益说假话；不酗酒，不把自己喝得酩酊大醉，把前面四戒都犯了。

这五条戒律跟我们传统的儒家思想是十分相近的。杀、盗、淫、妄、酒可以分别对应儒家的仁、义、礼、智、信。儒家最核心的思想，就是三纲五常，五常就是仁义礼智信，和五戒完全地合在一起了。不杀生是仁，不偷盗是义气，不邪淫是要有礼，不妄语是要有信。不酗酒就是不把自己灌醉才能不失去智慧。

实际上，中国的传统智慧，都是为了把人们培养成一个君子，或约束我们变成君子。而佛家也说，假如遵守了五条戒律，没有用自己的身体去伤害别的身体，以后就有机会重新做人。

佛家首先教我们怎么做人，就是遵守五戒。之后告诉我们还可以做更高层次的人——天人。于是五戒之后的佛法里还有一个十戒。十戒的逻辑其实也很简单，五戒是不用身体伤害别人（杀、盗、淫、妄、酒），十戒是除了约束自己的身体不伤害别人，还加了另外两样更高的要求——口和意。口，就是不用嘴骂别人；意，就是不用自己的意识去伤害别人，要对意识加以约束。具体来讲，关于口的戒律包括：不两舌（不挑拨其他人之间的关系）、不恶语（不讲骂人的话）、不绮语（不在别人做事情的时候去烦他）；关于意的戒律包括：不贪欲（不贪别人的东西）、不嗔恚（不生气）、不邪见（不产生违背佛家缘起性空根本见解的邪见）。

7.3.2 佛家的最高境界

我们前面说到道家的最高境界是利而不害，为而不争。那么佛家的最高境界是什么呢?

佛家是一门让人开启智慧的方便法门。

佛法中很重要的一件事情就是要能够放下我执，要用一颗没有我执的心去看待世界，增强智慧。佛家有一系列的方法都在帮助人们去掉那个让我们不快乐的我执。

所有的开始都是在做一件事情，不伤害别人。不管是小乘、大乘，都有十分明确的戒律，如五戒、居士戒、十戒等等。在不伤害别人的基础上开始利他。

但利他心还没有到极致，利他只是能够利益到他人。再往上还有慈悲心，所谓慈悲心，慈就是像慈母一样，特别温柔地对待孩子，希望孩子一切都好；悲心是一种跟别人深有同感的心，不能忍受别人受到痛苦。再往下我们还经常听到菩提心的说法。菩提心指的是更为广大的慈悲心，是遍及众生的菩提心。所以佛法是极致地利他，带着慈悲心和菩提心利他的一个法门。跟《道德经》的“利而不害，为而不争”是完全一体的。

佛法一切的教义戒律的终极目的就是让你开启智慧。而智慧是怎么开启的呢？我们可以看看慧这个字，慧是上下结构，上面是彗星的彗，下面是心。彗星又叫扫帚星，是笤帚的意思。笤帚是扫灰尘用的，所以佛家开启智慧是要用笤帚扫心。佛家认为我们的心上都有灰尘，只有把心上的灰尘拭去，智慧才能完全地开启。

如何能做到扫除心上的灰尘呢？最重要的是明心见性，要觉悟。而这个悟字是左右结构，吾就是我，是我在悟。五口为我，即眼、耳、鼻、舌、身五根。悟字左边是心，其实就是我在观照我的心，并最终认出心的本来面目，这就是悟的深刻含义。

那么心的本来面目是什么呢？在佛法的皈依偈里有很美好的一句话，“自性菩提心，体性自性大悲”。就说我们每一个人的自性自心本体上全都是慈悲的，无边无际的慈悲。当年，释迦牟尼在菩提树下悟出原来众生的心跟他的心是一样的，都是具足了佛性的佛心，也都具足了慈悲心。所以佛家发觉，只要能够把我们身上的灰尘——贪嗔痴拂去的话，我们每一个人感受到的都应该是无边无际的菩提心。菩提心是不含一丝害人之心的，为了达到这一点，我们首先要做的就是遵守一定的戒律，拥有不害人的心，然后延展新的训练，最终达到菩提心。

佛法的很多教导都是在说一件事情，就像《道德经》里的道一样，不仅是如何不害别人，更主要的是强调如何利益到他人，如何长期长远地利益到更多的人。我特别喜欢《胜利道歌》里的一句话，“若欲长久利己者，暂时利他乃窍诀”。现在西方的经济学主要是功利主义，以自私自利为基础。利己跟利他是对立的两面，但佛家教导我们：最聪明的利己就是利他。不要老琢磨着自己怎么获利，要想长久一点，想着怎么利益到别人。因为利益别人是最好的利益自己的办法。佛法修的是智悲双运，整个佛法体系都是在教导我们做一个更好、更慈悲、更有智慧的人。

而小乘佛法和大乘佛法有什么区别呢？小乘是通过遵守戒律，慢慢地去掉自己的我执，获得解脱，是直接帮自己。而大乘是通过利他，通过帮助别人，通过度人来度己。

佛法让我们在思考问题的时候时时刻刻都要多考虑别人，把别人放到心里。当我们把更多的人放进心里以后，我们的心必然就大了，壳儿自然会越来越薄，慢慢地当我们的心能装下天下众生的时候，我们的心跟整个天地就无二无别了。这就是佛家达到的最高境界。

大乘佛法最核心的就是慈悲心利他心，有一个特别能帮助我们的修行方法，叫作自他交换。

佛法经常让我们想象对面的人是我们的亲人、父母，我们会怎样对待？我们都会希望父母过得好，愿意把他们的病痛转移到自己身上来，也非常愿意把自己的幸福给我们的父母。进而从父母延展到兄弟姐妹，慢慢地一步步延展到跟我们没有关系的人。慢慢地我们能感觉到我们和他人是有关系的，并且愿意为了他人的幸福快乐牺牲自己。

一开始，大家觉得这是不符合常理的。但这正是佛法的精妙之处。在我准备这些资料的时候嘴里长了两个大溃疡，疼得喝水都很困难。为了不那么疼，我就想要修自他交换，想象着我愿天下所有的疼痛都在我的嘴里，让我替天下人多分担一些疼痛。当我去这么想的时候，我立刻变成了一个雄赳赳、气昂昂的武士，嘴里居然就不那么疼了。这是佛法里特别妙的一个法门，并且这也会指导我们以后面对很多的伦理问题时，可以站得更高，这些问题可以迎刃而解。

我们说，佛法通过慈悲心、利他心最终能够开启我们的智慧。决策是最需要智慧的，无论是做伦理决策还是做商业决策。如果你有慈悲心、利他心、不害别人的心，你的智慧展开后，很多决策问题的答案就会清晰地摊开在你面前。

7.4 《了凡四训》的伦理学启发

前面我们说到动态博弈，不谋万世不足以谋一时，因为很多东西并不随着生命的结束而结束，也不是随着生命的开始而开始。比如我们的命运。人生就是一场博弈，我们都希望自己命好，但是我们的命运来自哪里？我们能不能改变我们的命运？如何改变，如何做？接下来我们就来说一说伦理学与命运的关系。

7.4.1 命运有可能存在吗？

大家相信命运吗？按我的经验来说，现在的年轻人大部分都是不相信命运的，认为这是封建迷信的说法，但年纪大一些的，像那些 EMBA 班的企业家们几乎是 90% 以上的人都相信。让我们可以一步步来看看命运这个事情：首先，存不存在命运这回事？如果命运曾经被算出来过而且还挺准确，那说明什么呢？

让我们从语义学来探讨一下命运。“命”是汉语常用字，最早字形见于西周金文，在甲骨文中，“命”和“令”是同一个字，本义都是发布命令，到了西周“令”叠加“口”分化出“命”。毛公鼎：“膺受大命”，“大命”即天命，铭义即接受上天的命令，又由天命引申出命运。《康熙字典》上显示：命，从口从令，命者，人所禀受。口令再拆开就是叩，古人需叩拜的都是没法抗争的。字典里也有很多的造词造句，比如苦命，好命，这孩子命真苦啊 / 真好命，还有命运，命中注定等等，这些都告诉我们命运是完全有可能存在的。

孔子《论语·尧曰》中有云："不知命，无以为君子；不知礼，无以立也；不知言，无以知人也。"孔子认为：不懂得天命，就不能做君子；不知道礼仪，就不能立身处世；不善于分辨别人的话语，就不能真正了解他。这也是孔子向君子提出的三点要求，即"知命""知礼""知言"，孔子认为这是君子立身处世需要特别注意的问题。孔子还说，"三十而立，四十不惑，五十而知天命"，人越到老或越有智慧的古人，对命运越是有感悟。

7.4.2 袁了凡的命运

明朝就有一本特别有意思的书——《了凡四训》。这本书可以看作是一个算命高手的真实案例。作者袁了凡是历史上真实可查的一个人物，还曾入朝为官。《了凡四训》又名《命自我立》，是袁了凡先生结合自己亲身的经历和毕生学问与修养，为了教育自己的子孙而作的家训，教他的儿子袁天启认识命运的真相、明辨善恶的标准、改过迁善的方法，以及行善积德谦虚种种的效验。他在早期验证了命数的准确性，后来进一步通晓了命数的由来，知道人们可以掌握自己的未来，改造自己的命运。就在他的下半生中，又验证了人们完全可以自我"立命"，自求多福的准确性。这本书一开始取名叫《训子文》，后为启迪世人，改名为《了凡四训》。

《了凡四训》的第一篇叫立命之学，讲的都是他切身的经历，让人们知道有命运这回事。后面三篇分别是改过之法、积善之方、谦德之效。这四篇既是独立成文，又是一气呵成的改命之学，是一本受很多人推崇的著作，它融合了儒家、道家、佛家三家之长，是中国传统智慧的集大成之作。

袁了凡童年丧父，他父亲原本是一名高官，后遭陷害贬黜，所以特别不希望儿子跟自己一样，就交代他母亲不要让他去考仕途转而学医，因为学医可以养生可以济世救人并且有一技之长。后来袁了凡在慈云寺遇见一个老者，老者看见他说："你为什么在这儿闲逛呢，你是一个仕途中人，如果读书明年就能够考上了。"袁了凡告诉了他原因，并说自己不能做主去读书。于是把他请到了家里，他母亲说这样的人应该好好地善待。老者为什么说他一定能考上呢？据老者说自己是云南人，得到了邵子皇极数的正传，能够测算出人的命运。于是袁了凡就去试试老者算的准不准确，结果老者算出来的东西都挺准的，比如他说袁了凡考童生的时候能得十四名，到了府考的时候是七十一名，提学考的时候是第九名，结果袁了凡每一次的考试排名的确就像他说的一样。袁了凡心想：这一年的事情都能说准，后面的事情想必也是准的。于是让他算一算终生的。老者给他算出某年会考第几名、某年会当什么官，并且在五十三岁八月十四日会去世，精确到去世的时辰都算出来了。而且老者算出袁了凡的命很一般，一生都没有孩子。

在古代无后是很大的事情，而且如果一辈子被算得清清楚楚，过得就会特别没劲。袁了凡也一样，他所有的考试没有一次是算错的，他就希望老者也有算不准的时候。有一次，老者说："你要吃完九十一石五斗米你才可以当官。"当吃完七十一石的时候他看着自己被批准了官职，心中窃喜，并对老先生的话产生了怀疑，结果在复审时被驳回，直到又过了一年的重审才被录用，加上之前的的的确确一共吃完了九十一石五斗米，袁了凡这才相信进退有命，迟速有时。一辈子都是已经定好了的，生活也就没有激情，于是袁了凡的态度也就变得黯然无求，完全失去对生活的追求。

7.4.3 袁了凡的命运改变历程

《了凡四训》中袁了凡的亲身案例告诉我们命运是有可能存在的，如果你遇到了高人的话你的一辈子也都是可以被准确地算出来的。那么，你还算不算？敢不敢算？如果我们的命可以被算出来，我们现在干的事只是按照已注定好的顺序在播放，那么我们的命运是哪里来的呢？

目前心理学上说得最多的就是性格决定命运。性格是什么？性格就是每个人面对问题不同的处理方式。他对世界的态度决定了他的生活轨迹，而他的生活轨迹就是他的命运。那么又是什么决定了我们的性格呢？

作为心理学的基础，《动机与人格》这本书非常受欢迎，将心理学推到了高潮。我们来看看性格从哪里来，如果能够了解到性格从哪里来，我们的命运从哪里来就能够清晰了，我们就有可能改变命运了。性格的属性首先是个体性，即使是长得一模一样的双胞胎，性格也没有一模一样的，就像世界上没有两片一样的叶子。同时性格也是十分稳定的，老话说江山易改本性难移，我们认为不稳定的性格会稳定地跟随我们一辈子。换言之，我们的命运是不是也不容易改变呢？

《了凡四训》里就详细叙述了袁了凡的改命历程。起初袁了凡在知道自己一生的命运之后也是终日静坐，不阅文字，不理俗事。后来他去拜访了禅师云谷，并一起静坐了三日不瞑目也不动念，云谷禅师就很好奇地问他:“不起妄念的都是圣人，你为什么能做到不起念呢？”袁了凡回答说:“我能起什么念呢？孔先生都把我的生死荣辱算好了，没什么好动妄念的。”云谷禅师听罢大笑起来，“我以为你是个豪杰，原来也不过一个凡夫而已。”他继续说，“其实我们每一个人的命，对俗人来说是生下来就定好的，但对于豪杰来说命数却是可以改变的。什么人算是豪杰呢？为官为商之人”。为什么说为官为商之人是豪杰呢？因为为官和为商可以影响到更多的人，你做一件好事能影响很多人，你做一件恶事也能影响到很多人。而能够做大善之事或者大恶之事，这就是改变命运的诀窍。云谷禅师告诉他，“命由我作，福自己求”。佛家说“求富贵得富贵，求男女得男女，求长寿得长寿”，你求什么可以得什么，因为释迦牟尼佛大戒是不能妄语的。佛说“一切福田，不离方寸；从心而觅，感无不通”，如果是从心上改变自己的话，命运就可以改变了，从你的起心动念开始改变。后来袁了凡皈依了云谷禅师，法号学海。

从此以后，袁了凡按照云谷禅师的教导积福行善修心。终日战战兢兢，便觉与前不同，极力地做好事，后来发现自己的命运在碰到云谷禅师之后的第二年，1570年，居然出现了变化！袁了凡前二十年的人生经历都被孔先生算得准准的，直到碰到云谷禅师之后的1570年，孔先生算到他会在礼部的科考中考中第三名，结果他考了第一名。至此了凡总算大松了一口气，“我的命总算是可以由我掌控了。”他怎么改的呢？先是忏悔，后又开始行善，了凡一开始发愿要行善三千，后来又发愿要行善十万。最后，本来孔先生算定他将活到 53 岁却一生无子的命运，也变成不仅有了几个孩子还活到了七十多岁。所以袁了凡后来做《训子文》（即《了凡四训》）告诫后代子孙：如果想要改变命运的话，一定要为善，不要为恶，只要为善不作恶，你的命运就能够得到改变！

从袁了凡的一生经历来看，命运似乎与我们讨论的道德伦理息息相关。“人为善，福虽未至，祸已远离；人为恶，祸虽未至，福已远离。”人如果做善事，虽然并没有看到福分来临，但是灾祸却已经远离你了；人如果做坏事，虽然还没有看到灾祸到来，但是福分却已经早已远离你。《了凡四训》中云谷禅师对袁了凡的点拨将东方古老智慧与命运的关系展现在我们面前。

再进一步，《太上感应篇》是如此诠释的。“为善必昌，为善不昌，前世尚有余殃，殃尽必昌；为恶必殃，为恶不殃，前世必有余昌，昌尽必殃”：一个真正行善的人，一定会昌盛。如果做了善事而没有得到好的果报，说明前世做了很多恶还在身上没有消除。等你的灾祸苦难全部结束，善恶完全抵消之后，肯定能得到福报，就一定会昌盛；如果一个人做了很多坏事没有遭殃没有恶报，一定是前世所积存的善事福德在身上，所以还没有得到报应。如果报应到了一定会遭殃。

作为总结，《了凡四训》告诉我们命运与道德伦理的关系“为善必昌，为恶必殃”。高标准的伦理约束其实是让我们有一个更好的命运，更加昌盛的人生！而不遵守道德伦理规范的行为将导致命运坎坷，灾难不断。

第八章

东西合璧的伦理决策工具——LOTUS及其应用

8.1 伦理决策

前面我们探讨了一些伦理决策的局限性和西方的一些伦理决策模型，也讲了很多东方的智慧中关于伦理学的反思与救赎，而如何找到一个更好的方式来做决策呢？我给大家提供一个全新的伦理决策工具。在这之前让我们从一个历史上著名的商业决策悲剧开始，了解伦理决策及其工具的重要性。

8.1.1 福特 PINTO 车事故的伦理决策

1968 年，美国的福特汽车公司为了跟德国大众汽车公司出产的甲壳虫汽车竞争，特意推出了一款小型轿车福特 PINTO，价格在 2000 美元左右。福特公司花了 1 年多的时间快速地推向了市场，而且专门推出了一个视频广告。广告有两个重点，一是广告语“don’t worry”（你不用太担心它，一切都会被照顾得很好）；另一个就是车型真的很小巧，是一款在城市里用的车。福特 PINTO 车一经推出立刻在美国的市场获得巨大的成功，一方面是因为美国从“二战”以后的车型都是大型的，就像电影《教父》里出现的那种大型轿车；另一方面是因为六十年代爆发石油危机，汽油的价格越来越高，于是就有了省油的需求，而美国的汽车公司一直没有这方面的考虑，直到德国的甲壳虫汽车进入美国市场，他们才意识到省油这一市场需求。

福特作为当时家喻户晓的汽车公司推出福特 PINTO 这么小

巧的汽车还是第一次，美国消费者十分惊喜，所以销量节节攀升。从第一年的 35 万辆发展到后来的 48 万辆，54 万辆，很快就突破了 200 万辆。

看起来福特公司取得了一次巨大的成功，但是谁也没料到一切很快毁于一旦。这款车问世之后的 7 年当中，就有将近 50 场有关车尾被撞爆炸事件的官司。有 PINTO 汽车在驾驶过程中着火了，驾驶员甚至都没能出来就车毁人亡了。这种情况在整个汽车行业并不是没有发生过，因为汽车在高速行驶过程中确实可能导致着火，但这类事故非常少。福特公司的设计师与管理者虽然意识到了是油箱设计存在安全隐患，但因为从来没有做过这么小的汽车，车里的空间自然也特别小，于是设计人员把油箱放在车的后方，而且油箱与车轴和保险杆之间只留了一个不大的缓冲余地，并且在油箱的后头还留了一段螺丝头。由于之前做的测速都在是低速测试，当车速达到四五十公里以后，阻力会把油箱从后头推到前面，碰撞之下就有可能漏油，如果再碰上周围的火花，那汽车就会着火。这是一个设计缺陷，但汽车的整个设计完全是按照标准来的，并没有违反美国的法律。这款汽车推出的卖点就是小巧，并且事故发生的概率也不是特别大。于是 1974 年，董事会决定不召回已售出的 PINTO 汽车。

实际上，后来从福特内部流出来的一些资料显示，福特公司很早就发现了 PINTO 车型油箱设计存在的问题，但出于成本考虑，管理层决定不对该设计缺陷进行处理。在当年的决策过程中，福特进行了一项臭名昭著的成本收益分析。根据美国国家公路交通安全管理局公布的交通事故数据，福特公司假设每年由于车型设计缺陷，会有 180 人被烧死，180 人被严重烧伤，另有 2100 辆车烧毁。根据当时的惯例，福特公司需要为每位死者提供 20 万美元补偿，并支付伤者 6.7 万美元治疗费用。再加上车辆的维修补偿费用，福特公司每年需要付出将近 5000 万美元。

而如果福特公司决定召回车辆修理，并修改原先设计，那么平均每年每辆新车将需要增加 11 美元的成本，每年公司需要多付出 1.37 亿美元。从成本角度分析，福特公司决定不对该油箱设计缺陷进行处理，这样每年可为公司节省 8000 多万美元的费用。更令人惊讶的是，这段成本收益分析过程，并非无意泄漏，而是出现在福特公司提交给国家公路交通安全管理局报告中用以说明当年不召回有质量缺陷车型的理由。当福特的这份会计成本效益分析表出现在审判中时，陪审团震惊了。

就这样直到 1978 年 8 月 10 日，一辆福特 PINTO 在印第安纳州公路上，由于车尾被撞，导致油箱爆炸，车上的三名少女当场死亡。这是一起影响很大的恶性车祸事件，被追尾后的福特 PINTO 车油箱起火，尤其车门受热变形无法打开，抢救人员眼看车内三人被烧死。这起悲惨的事故，直接导致后来的消防员开始配备汽车切割工具。在几次遭到起诉和刑事指控后（福特最终并没有被判有罪），最终福特不得不在 1978 年召回了 PINTO，但声誉已经无法挽回，1981 年 PINTO 永远地退出了市场。

这个案例直到现在都是商业伦理课上不得不提的经典案例，大家不妨也思考一下：如果你是福特的 CEO 或决策团队，你会把这些汽车召回吗？你召回来的理由是什么？不召回来的理由又是什么？

1972 年，福特公司决定不召回已售汽车，甚至任凭 PINTO 汽车爆发式增长，赚得盆满钵满。我们现在换一个角度，从消费者角度来看看，如果你作为一个购买了这样一辆车的公民或是你的家人有这么一辆车可能发生事故的话，更甚者你的家人朋友已经有人因为这个车被烧伤或死亡的话，你会怎么样？

8.1.2 福特 PINTO 车最后的伦理账单

福特 PINTO 车事件爆发后引来了全美范围内 117 件起诉，其中加利福尼亚的一起起诉要求的赔款高达 1.25 亿美元，这是美国史上从来没有过的最高赔偿金额。当然，2017 年的美联航因殴打乘客被索赔近 10 亿美元刷新这项纪录。而福特的 117 个起诉案平均也是近 5000 万美元。并且自从 1974 年曝光以后，PINTO 车的销量一路狂跌了 50%。最后不得不把汽车召回，甚至因为这款汽车的口碑越来越差，1980 年不得不宣布停止生产这款汽车。

整个事件中，我们可以来看看福特 PINTO 车最后的伦理账单。福特 PINTO 车一共卖了近 300 万辆，如果没有这个事件的话预计应该还可以卖十几年甚至几十年，可以说骤然停产至少造成了十几亿美元的损失。还有面临的 117 件起诉，至少有七八亿美元的损失。当然，这还不算是大事，毕竟这只是一串数字。什么才是真正的大事呢？是那些在事故中消失的生命！一家伟大的汽车公司，有那么多年的品牌历史并且还是很多美国家庭的第一辆车，多少年积攒下来的口碑，就这样变成了一家不可信赖、可耻可悲的公司。

而且这个数字还只是 PINTO 一款车的，福特公司的其他车呢？因为这款车打的就是福特的标志，不是用字母品牌或散装品牌，大家都知道了是福特的车，其他的车必然受到影响，人们对其公司的信任度的损失是多少？能不能用亿美元来计算？显然不能，因为这是无价的。

再看看当初的损益表，不召回的受益是 4950 万美元，而召回成本是 1.37 亿美元。结合这个表，福特公司的决策有什么东西是被忽略的？

显然福特公司的决策团队只注重经济的角度而忘了重要的伦理角度，忽略了这件事情暴露了以后的无形代价，公司的伦理成本！在没有充考量各个方面的因素来做出来的决策，代价极其大。

8.1.3 西方商业伦理决策工具及其局限性

在之前，伦理一直是不太被西方经济学提及的。自从经验哲学被文艺复兴彻底推翻了以后，附着在经验哲学里的基督教的善良美好的东西也被剔除了，于是只有理性人、经济人。福特的损益表就是一个纯理性人、经济人计算出来的。这时候他们才意识到，原来伦理是跟每一个人相关联的。这个案例引发了 20 世纪 70 年代的美国的道德生成运动，他们在讨论到底是利润先于伦理，还是伦理先于利润，此后才开始把伦理跟经济放在了一个起跑线上。

在兴起之初大家都是在描述伦理的重要性，商学院开始有大量的案例也都在佐证伦理的重要性，就像我们前面说的描述性伦理学。因为这是一个空白的地方，他们开始以案例方式讨论不同情况下伦理决策及其后果。之后他们也试图提供各种伦理决策模型和流程工具。但是这是一个崭新的学科，他们只是借助认识论和原来的决策来做出反应。

我们可以比较一下本书第 57 页中的三种伦理决策模型可能出现的问题。三种模型的出发点就是认知模型。我们需要从方法论上来认识它。郎尼根决策不仅是一个伦理决策，任何决策都可以包含在里面。但他只是延长了一下决策的时间，让你不要这么快做出决策。

比较广泛的是安德森的伦理分析七步法，任何人都可以按照这个步骤进行讨论和分析。但是其中的伦理道德限制本身是一个十分含糊的概念。这个很难说，如果能被列出来的话，那可能就不是一个道德问题，而是一个法律问题了。

我比较推崇的是美国伦理资源中心制定的一套简单易用的伦理决策模型，叫伦理过滤器——plus，让你有四个方向性的东西去思考。

P 代表 Policies：决策是否和政策、程序及指引保持一致？

L 代表 Legal：依照相关的法律及规则，决策是否可以接受？

U 代表 Universal：决策是否符合普遍原则或价值观？

S 代表 Self：决策是否符合个人对正确、善，及公正的定义？

8.2 我独创的伦理决策工具：LOTUS

马文·布朗在《公司诚信》一书中说道：伦理不光可以作为一个规则，并且伦理是我们决策的最好的工具。商业伦理学属于应用伦理学的一种，特别需要有一些应用的办法把这么多复杂的东西融入到大家每一次的决策中。我将结合多年的教学经验给大家提供一个易记忆、易实践的方法——LOTUS，也叫莲花五步法。

其实"lotus"这个词本身的意思是 lot us，很多的我们。这意味着伦理学不是一个人的问题。伦理学是从道德衍生出来的，拉丁语的道德是 Mores，Mores 的另一个意思也是 lot of us。

LOTUS 是由"Legal""Other""Time""Us""Silence"五个单词的首字母组成，分别代表做伦理决策时的五个步骤，音译为"法他时我静"。

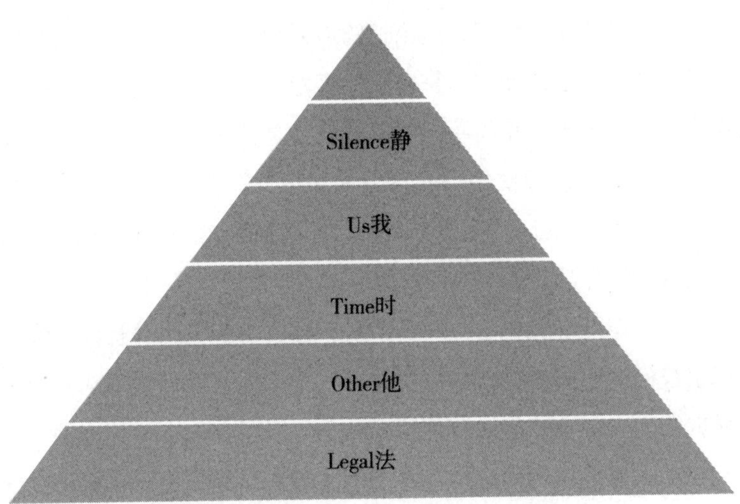

L 指 Legal 或 law，“法律”的意思：以法律为底线。

O 指 Other，“他人”的意思：考虑更多的他人。

T 指 Time，“时间”的意思：可以经受时间验证。

U 指 Us，“我们”的意思：换位思考，以他为我，以我为他。

S 指 Silence，“寂静”的意思：静以问心。

8.2.1 L 指 Legal 或 law，“法律”的意思：以法律为底线

第一步：Legal 法律。伦理学的基础实际上就是考虑他人跟我们之间的关系，而伦理学的底线是什么呢？在湿猴实验中，在有了文字以后，猴子们才开始放弃每次都用暴打解决问题的方式，有了文字性的法律条文。

因为任何的商业伦理决策首先要做到的是要以事实为依据，以法律为准绳。我们可以回顾一下我们前面讲的法律与伦理的关

系。法律是成文的伦理，是伦理的最低形式，一个伦理决策首先要满足最低的法律要求。符合法律规范是我们行为处事的最基本底线。我们要知道相关决策的法律要求是什么，其实我们也可以看一看相关的法律法规形成背后的法理，很多都是值得借鉴的。无论是个人行为还是企业经营的决策，法律都是最低的底线，不合法的事情都没有进一步分析的价值。

在法律之前我们首先要有事实，要收集信息，并且要能够分别出我们对事情的判断和事实的不一样之处。我们学习感知的时候就知道实际上我们对事情的感知是经过了我们人为处理的，我们要尽可能把自己的感情色彩等很多因素分别出来。还有一个就是我们认为事实是怎么样的和这个事实的原因推测要尽可能地分开。事实和事实的解释是不一样的。在做任何决策之前我们要有法律的严谨性，没有任何超越于事实的东西。

这就是我们的伦理决策第一个要做的事情，尽可能地收集全信息，开始考虑这个事实与相关的法律法规之间的关系。所以LOTUS的第一步是legal，它是一个底座，是所有一切的基础。

我们回到福特PINTO的案例，PINTO的安全设计上是没有违反当时的车辆安全法规，但是后面还是赔了上亿美元，法律的这一步并没有阻止悲剧的发生，显然还有其他的东西。

8.2.2 O指Other，“他人”的意思：考虑更多的他人

第二步，要考虑other，他人。就是一定要考虑除“我”以外更多的其他利益相关者。就像博弈论中，能比原来的自私经济学

再往前走一步的就是因为开始考虑到他人，并且把自己和他人的利益合在一起。

这里的他具体指的什么呢？一个没有智慧的人只管自己，一个有小智慧的人会多考虑一两个人，而LOTUS里的他应该是尽可能地考虑到与该决策相关的所有人，包括直接相关的以及间接相关的所有人。这一步非常重要。因为伦理产生的基础就是很多人在一起。而我们的习惯思维往往是局限于自己的狭窄视角。所以我们要尽可能地多考虑，更广泛地思考问题，看到问题的所有利益相关者。

很多时候我们看问题只看到了与我们直接相关的，而忽略了和我们间接相关的人和事。并且只考虑到正面的影响而忽略负面的影响。什么是利益相关者呢？就是涉及利益的人，泛指企业活动的实质内涵与过程有法律或正当利害相关的个人或团体。把利益相关者观点导入到道德研判中有助于让伦理决策更为周全。

比如对于企业来说，利害关系人有哪些呢？直接相关的是我们的客户、消费者、竞争对手、供应商，还有我们的员工、股东、管理者。如果看外部的话，跟我们相关的就更多了，比如社会大众、媒体、社团、宗教机构、地方政府等等。认真考虑会发现我们生活在一个紧密关联相互纠缠的世界。

我们来看福特的案例，直接影响的是谁呢？是消费者，是司机和车里的乘客以及受害者的家属。如果福特将这些受害者不是只看成一个数字一个赔偿金额而是活生生的人，能看到这些人背后还有家庭、朋友、媒体、社会，也许悲剧就不会继续发生了。而且，在考虑任何决策的时候，请永远将媒体作为利益相关者。

因为对于媒体而言，任何负面事件的报道都是他们的责任，也是有利可图的。尤其是互联网社交媒体如此发达的今天，任何负面不公正的事件都是吸引眼球增加流量的最好来源。实际上福特的Pointo决策收支表就是被一家地方小报社的记者所获得而引发了舆论的海啸！

8.2.3 T指Time，“时间”的意思：可以经受时间验证

考虑了人以后，我们要需要考虑问题的宽度，那就是时间。

时间是什么？记得在博弈论的时候说了“你有没有信心在你这个决策做了很长一段时间以后依然能够让你感觉到幸福？”，也就是说决策能不能经受住时间的考量。我们很多人考虑问题的时候只考虑一两步，而动态博弈要考虑更多步。我们考虑多长才算呢？一年两年，三年五年，十年二十年还是一世，三世还是万世呢？如果和东方智慧结合，你只看到这一世的话你会无恶不作，一旦看得更远了，看到万世的话那你就会有所收敛。《寤言二迁都建藩议》中有句话：“不谋万世者，不足谋一时；不谋全局者，不足谋一域。”《阿含经》中说过，“不见后世无恶不造”。恶就是不符合道德伦理的伤害别人的言行。一旦你开始考虑万世之后你会很清晰地看到人与人之间是有很高的关联度的。人与人，企业与企业之间是怎样的博弈？是动态的还是静态的？是多次的还是单次的？有限的还是无限的？当你把一个企业用不道德的方式置于死地的时候这个企业是不是就不和你打交道了，他的员工、他的高管、他的股东都不跟你打交道了吗？所以只考虑一次或者一

世是十分不周全的，非常物质的。我们看东西应该从物质的、心智的、心性的三个层面去看，东方智慧和老祖宗都是这么告诉我们的。

当你有了谋万世的心的时候，你的商业伦理决策该怎么做呢？大家都知道产品都有生命周期。当产品即将死掉的时候客户会不会主动地放弃这个牌子呢？其实我们的客户如果已经习惯某个产品的话，即便产品不再生产和提供售后服务，他依然会习惯性地选择这个牌子。那么在产品生命周期结束的时候我们该用什么样的方式呢？经典的商学院教材为我们总结了 4 种方式：

1. 减少工厂、设备、产品和研发的费用，

2. 减少营销预算，

3. 大幅提价，

4. 降低产品质量和服务水平。

你觉得哪种方式比较合适？

这里有什么问题呢？大家注意，你是怎么看这个产品的呢？一世论的话产品就是拿来挣钱用的，那这 4 种都是对的。但是如果你用谋三世的眼光看的话，这个产品虽然死了，但是通过产品建立起来的企业的品牌是不会死的，他会一直留在客户的心里。所以，我们的产品不光是挣钱而是通过产品塑造一个品牌，不管你的产品怎样，只要品牌在这里就能带来长期的利润。而当你以谋万世的眼光看的话，所有的产品和品牌的建立，最终目的都是修炼企业家的灵魂。谋万世会让你明白我们人活在这个世上的意义是什么，我们从哪里来到哪里去。你就不会因为这个产品不行了，品牌我也不要了，就随便干了，甚至直接跑路了。

一旦我们把时间考虑进去了，很多问题的景象是完全不一样的。而时间要考虑多久才算正确呢？要有谋万世的思维。

回到福特的 PINTO 事件中，如果当时的决策者可以想一想，5 年，10 年，50 年之后，这个决策什么最重要？收益，利润，股价，还是自己临终前的心安理得？如果你是决策者，你会做什么选择？

8.2.4 U 指 Us，“我们”的意思：换位思考，以他为我，以我为他

第四步：Us，我们。这时候很重要的一件事就是在决策时不只是考虑我，而是将所有的他想象成我们。要把本来跟我们完全没有关系的利益相关者想象成是我们自己的人，这时候我们要怎么做。这一步就是要进行自他交换，利用和受影响的他人进行位置交换，假如对象是我自己，我的家人，我的亲朋好友，我能接受吗？

如果这对于你有些困难，可以做一个比较容易些的公开测试（Public Test），假如你是公司的 CEO，你能心安理得或坦然地将你的决定或行动告诉你的父母或子女吗？你能心安理得地面对受影响的一方以及他的家属就这个决策过程进行讨论吗？甚至你的决定或行为被放在各大报纸头版、互联网的头条，被大家街头巷尾地议论的时候，你是不是能依然做这个决策呢？

我们为什么要这么做决策呢？因为这样的决策才更加接近于真实世界的模样。我们与所有的人在某种程度上都是相互关联的。

只是当我们匆匆忙忙地决策的时候我们往往忽略了这些关联性。

这里给大家分享《食品的内幕》（食品の里侧）里面的一个真实案例。作者安部司是一名十分聪慧的化学家，就职于日本一家食品添加剂商社。他刚进会社工作不久，就被各种添加剂的魔力所吸引，完全忘记了作为一个化学专业人早该想到的毒性。无论制造商在食品制作时，出现何种难题，安部司都有办法给人解决。添加剂在他眼中，如同食品业界的“拯救者”，而他，被人亲切地称作“添加剂的活辞典”。比如，屠宰场在剔骨的时候，骨头上总会沾着一些肉末很难弄下来，虽然高温可以剥离它们，但是这些肉渣也没有什么味道了，于是天才的安部司就用各种各样的化学原料（将近 30 种）把这些肉渣还原成牛肉的味道，就这样他研究出了一系列牛肉丸。但是这种牛肉丸他自己是不吃的，甚至会记住应用他的添加剂的厂商，在超市也会避开这些品牌。

那时，他真的以为自己正在用添加剂改造日本食品文化，正在以最自豪的方式贡献社会，为人解决一切食品加工的难题，再也没有比这更好的职业了。

直到女儿三岁生日的晚餐上。餐桌上，有一道孩子们最爱吃的肉丸子，肉丸子上插着可爱的米老鼠牙签，加上色泽诱人，香气扑鼻，让人胃口大开，于是他不自觉地就走近餐桌，很自然地拿起一个丸子，送入口中。

就在这一瞬间，安部司整个人突然僵在那里。原来，只要吃一口，他马上就明白，这丸子正是他自己研发出来的。他的舌头，具有天才般的分辨力，任何单一的添加剂，他用舌头一品，就能分辨出来。即使已经混入食物中的添加剂，他也能品尝出 100 种。

这一次，他突然感到莫名的惊慌，仿佛有人要毒害他的孩子似的，赶紧连珠炮般问妻子："这个怎么回事，买来的吗？ ×× 会社的食品吗？赶紧把袋子给我看看。"妻子一脸不解地看着他，边回答是的，边拿出装肉丸子的袋子给他。解释道："这个肉丸子，又便宜，孩子又爱吃，经常买回家，只要有它，孩子们吃得可香了，都抢着吃。"可不是嘛，他看见孩子们正在争抢丸子，吃得津津有味。

奇怪的是，这一次听到妻子的赞美，看到孩子的争抢，他没有半分往日的自豪感，反倒惊慌失措地急急叫停孩子们，同时将手覆盖在肉丸子的盘子上。一家子都愣住了，不知道发生了何事。

孩子问他为何不能吃，他想起整个制造原委和过程，一时竟不知从何说起，只是本能地要保护孩子不受毒害，不由分说就是一句话："总之，就是不能吃。就是不行。"他慌慌张张地拿起盘子就走，情急之下，居然什么也解释不清楚，但是胸口却感到莫名的堵。

"本来，这个肉丸子食品，一直都是我的骄傲。那些肉，原本是几乎要丢弃的。添加剂的作用，使它们得以复活，变成有用的食物，不仅节约了资源，还能让节省开支的主妇们获得廉价的食物，简直就是她们的救世主。我之前有过这样的自豪感。而我使用的添加剂，都是国家认可的，我甚至自负地认为，我的行为对食品业界的发展，起到了很大作用。"

然而，经过这件事，他再也无法感到骄傲，反而非常清晰地意识到，他绝对不会让自己的孩子吃这种加工食品。一夜之间，被迷失掉的心、当年在化学领域学到的关于化学剂的毒性和危险的记忆，又统统回来了。安部司很快辞职，决心走向另一个领域，把自己所知道的加工食品的内幕，公之于众。于是在公众的视野中出现了这本《食品的内幕》。

很多时候当我们思考问题做决策时是没有意识到我们行为的影响者跟我们自己是有关系的。甚至会不由自主地屏蔽与受影响者的关系。安部司刚入职的时候，是没有家庭也没有孩子的，他以为自己研发的添加剂食品自己不买就行了，于是将自己与添加剂肉丸的食用者屏蔽开来。而如果他可以用我们的 LOTUS 方法，只要在这一步，就有可能提前意识到，如果是我的亲人、孩子，我会让他们吃我研发出来的食物吗?

其实这是一个智者的常识，但是不幸的是在商业的利益面前，我们往往忘记了这一点。其实我们很多有问题的食品生产者也是以为自己不买不吃就没事，但实际上我们这么做时，别人会不会有可能也这么做？我们在易子而食，在相互残杀，早晚有一天会回到自己身上来。

这时候，不要想我而是想着我们。不但要考虑我的利益也要考虑我们的利益，实际上这就是博弈理论的再往下一步。我们可能就要在道的层面上再增加一点，不光是不害他，还要有慈悲心，还要想办法能够利益到他。如果能真正地做到这一点的话，那就已经不是在做伦理决策了，而是站在很高的层面上做所有的决策。

回到福特 PINTO 事件，如果当时有了这一步的思考可能马上就可以扭转乾坤。当我们觉得受害者与自己完全无关的时候，他们可能只是收支表上的数字而已，但是如果这些受害者就是你自己呢？你的亲人呢？你的闺密、发小、朋友呢？你还会用收支表上的数据说服自己不用召回，继续生产这款车吗？

8.2.5 S 指 Silence，“寂静”的意思：静以问心

其实到了这一步，大部分问题已经解决了。但是为了让大家能够真正的长期的心安理得，最后还有一个十分重要的步骤，就是 S，Silence，安静，让我们的心静下来。

最后一步也是最高的一步，也就是很多的时候我们逻辑层面已经没有办法去判断了，低维度已经没有办法解决了，怎么办？怎么才能在更高维度地看到我们之间的关联性？一个最好的办法就是东方的办法，就是静坐。王阳明曾经说过，真正的将军在纷繁复杂的时候做决策要我心不动。当你的心很安静、很安宁的时候，你的良知就出现了，这是儒家的致良知——“人之所不虑而知者，其良知也”。当前面的几步都做不了决策的时候，我们最好的办法就是静心而坐，放下思虑，倾听自己心的声音。

其实，所有一切决策的核心就是能够做到我心不动。如何能够做到我心不动呢？阳明心学提出要致良知，时时刻刻地拷问自己的良心，拷问自己的本来面目，问自己我可不可以这么做。如果心很乱没有办法跟自己的心沟通时，还有另外一种方法：对着镜子里的自己，以口问心，扪心自问。

这最后一步就是站在更高的层面上，最后的决策都是来自我们的心。一颗十分宁静的心，会想办法让我们听到心的声音。因为心是不会骗我们的，因为我们的心是善良的，我们的心充满了爱与祥和。

8.3 自我测试

如果我们的心暂时还没有办法定下来呢？我列出一些可以用到的 Silence 的具体步骤，让我们可以静以问心。

第一个是 sleep test，安睡测试。想一想，我如果做了这个决策，以后的夜里能不能睡得安稳，会不会被梦或敲门声惊醒。其实这就是我们怎样才能睡得安稳踏实的问题。

另一个测试叫 mirror test，镜前测试。在做决策的时候，可以对着镜子问自己：我真的要这么干吗？我这么干行不行？在这个测试中，要很安静地盯着自己的眼睛问这些问题。眼睛是心灵的窗户，当我们盯着自己的眼睛问问题的时候，其实是在盯着自己的心，问这个决策是不是真的能这么做。

最后一种测试叫 public test，公开测试。想象一下，周围所有遮挡的围墙都没有了，这个决策必须完完全全地对所有的电视台、报纸等公布。我们还能不能心安理得地面对着镜头说："当时我的决策是这么做出来的，我觉得这样做是正确的。"

其实还有一个最普通的方法——父母测试。如果是有子女的成年人的话，可以想象一下你的儿子或女儿拉着你的衣服问"爸爸/妈妈你这是干什么呀？"这时候的你能不能如实地告诉他们你的行为及其影响。

同样地，如果你的父母问起，你能不能如实地告诉你的父母，告诉你的祖母、外祖母，告诉那些特别疼爱你的人，你如此决策的原因是什么。

其实这都是把自己放在一个更大的环境里，让自己面对更多、更大的利益体，让自己的心在更多有牵挂的人里做出最后的决策。

第九章

一切成就的最终秘密

9.1 利他的商业伦理学

回头看去，似乎我讲了很多内容，又似乎我什么也没有讲。因为所有的内容都是高度严整地融合在一起的。

我们最开始从伦理的定义和道德哲学、道德的出处，推理寻找到了伦理背后的核心，即他人。其次讲到了文字衍生出的法律，从最开始的出处有了道德和法律。而后结合东方儒、道、释三家的智慧来探索伦理的本质。另一方面，为了更好地做出决策，我们从《孙子兵法》引出了伦理学必然涉及的博弈论。而博弈论谈到了多次动态重复博弈，其核心就是时间。所以我们考虑问题一定要有更长久的意识，要时时刻刻把时间的维度放在决策考量中。

在研究《孙子兵法》时，第一件事应该是合道。而道不但不害他还要利他。而怎么利他，怎样做出利他的商业决策呢？我总结出 LOTUS 决策工具，尤其是其中的自他交换的方法，是东方智慧中非常有效的修行方法。

量子力学的最新发展告诉我们，所有的一切都是高度地缠绕在一起的，就像量子一样。而我们怎么能达到更高的维度和层面呢？通过 Silence，最后的静心，静心实际上是儒释道三家，也是现代心理学共同的方法。心理学告诉我们人的需求的最高境界不是自我实现而是超越于自我的灵性需求。

日本的经营之圣稻盛和夫，他有一个成功公式，成功 = 思维方式 × 热情 × 能力。这三项哪个最重要呢？他说思维方式最重要，因为思维方式可以是负的。如果思维方式是负数，那么能力和热情再高也无济于事。所谓负的思维方式正是那种伤害他人、没有道德的思维方式。

“股神”巴菲特也告诉我们：挣钱的秘诀有三个：正直、勤奋、活力。这三者中哪个最重要呢？巴菲特说“如果不拥有第一项品质，其余两项越大越会毁灭你”。并且巴菲特特意嘱咐说“对此，你一定要深思这一点的千真万确”。

两位世界知名的成功人士都在强调做一个善良的人，做一个有伦理准则的人的重要性。

袁了凡先生在《了凡四训》中告诉我们“人为善，福虽未至，祸已远离”。这意味着祸其实离我们很近，“人为恶，祸虽未至，福已远离”。这是老祖宗的智慧，他们告诉我们：要想成功幸福，就要做一个善良的人。什么样才算是善良的人呢？遵守我们的道德准则，或遵守当你没有开启智慧时宗教的戒律，找到它们的共性来约束自己的行为。

还有一句类似的话，“为善必昌，为善不昌，必有余殃，殃尽必昌。为恶必殃，为恶不殃，必有余昌，昌尽必殃”。做坏人坏事肯定是会遭殃的，之所以祸事没到是因为其自身或祖上有余昌，以前的福气还没用完。“不是不报，时候未到”，一旦福报用完了，是一定会遭殃的。在更高的维度上，所有人都是相关联的，伤害别人最终是伤害自己。同理，如果你做了善事，不能保证你马上就飞黄腾达，但至少祸事已经远离了你。为善不昌是因为其自身或祖上还有余殃，只有这些都还完了，钱财、事业所有的一切都会到来的。

做一个正直善良的人，世界上没有任何东西比这个更好了。

如果你能有这种意识的话，你将来的人生道路一定会变得相当平坦。

欧洲文艺复兴时期的意大利诗人但丁曾说，道德常常可以填补智慧的缺陷，而智慧却永远填补不了道德的缺陷。智慧为什么永远填补不了道德的缺陷呢？这就和养在笼子里的猴子永远不可能把整个实验设想弄清楚是一样的。因为用效益理论我们是没有办法理解用智慧推出的结果的，所以道德是没有办法用智慧弥补的。

古往今来无数的圣贤都在试图告诉我们一件事，所有的宗教都在给我们制定十分类似的清规戒律。这些圣贤都是充满智慧的人，如果我们能按照伦理道德，遵守戒律，我们的行为就已经是有智慧的了，这就是道德常常能够填补智慧的缺陷的原因。

如何可以到更高的层次，看清楚更广阔的世界，到更高的维度呢？靠的是你心定。佛家告诉我们要戒定慧，有戒才能定，有定才能生慧。戒就是我们的伦理素养，就是我们愿意做好人的心。当你能够做到这一点，你的心才能定。于是才能自然而然地有智慧。当你时刻做道德的事情，你的智慧自然会随着你的道德的行为而源源不断地增长。所以我认为，道德不但能够填补智慧的缺陷，道德还能够促进智慧的完善，道德可以将智慧推向极致。

量子力学的高维度告诉我们：人如果能够到更高的维度，就能看清楚这个世界的本质，做出更多正确的决策。怎么才能到高维度呢？量子力学告诉我们：心静才能到更高的维度。如果觉得高维度离我们太遥远了，那只需要记着一点就好了：其实没有什么所谓的高维度，只有一个字——高。一旦你站得高了，意味着你看问题会更宽广、更长远，你会看到更多人的利益。这时候你自然就有智慧了。在高处，不管是人间的高处还是更高维度的高处，你都会享受到更高的智慧以及更大程度、更持久的快乐。

9.2 伦理学最后的反思

最后，沿着量子力学，我们再做一点点的反思：为什么我们能够感同身受？为什么我们会因为别人的痛苦而感到痛苦，因为别人的快乐而感到快乐？其实这正是我们良心和良知的由来。因为在更高的层面上，我们和所有一切的众生，和所有一切的智者，和以前的觉悟者，和以前的先知们，都是一体的，我们心里具备了所有一切。没有“我”和“他”的分别，利己就是利他，利他就是利己。不伤害他人就是不伤害自己，要利己就应该去利他。

从整个科学的发展看起来，当代的心理学、医学的濒死体验都开始肯定灵魂的存在。尤其是对濒死体验的研究，科学、哲学与宗教已经完全地融为一体了。最终，科学、宗教、美学、伦理学，所有一切都会汇聚在一点上，就是我们整个宇宙所共有的灵性。无我、无他、无你，没有任何分别的灵性。无比璀璨的灵性，充满了爱的灵性。也许我们可以称之为智慧，也许我们管它叫作爱，也许我们管它叫作伦理，它就是我们全部的一切的所有。

其实，你完全可以忘掉所有维度和所有事情，你只要记住高度。因为对任何常人来说，每天的生活都是需要高度的。什么是我们的高度呢？就是我们做每件事情都能考虑到更多的人，看问题的角度自然就会更加地深远。有了这一点你的伦理智慧和决策智慧自然就能得到提高。你的心可以更静，走到更高处，甚至最高处。

最后，其实这个世间根本就不存在伦理，只要我们心中充满智慧，充满爱，我们考虑问题时自然会考虑到他人，考虑到所有相关的人。我们自然会考虑得更长远，也自然便拥有了伦理素质。因为有道了，自然就有了德，自然就具备了道德。

实际上这就是老子的《道德经》要告诉我们的。当你真正地有了智慧，做事合道的时候，你自然而然就是有德的，你自然而然就拥有了伦理素养。而对于一个真正达到了极高境界的人来说，他根本不需要伦理来约束自己，因为到了更高处，道就是利他，道就是爱他。如果利他和爱他都做到了，怎么可能伤害他人呢？当你达到道的层面，你可以无为而无所不为，你可以随心所欲。

孔子也说最高的境界是随心所欲而不逾矩。当我们把东方和西方的智慧融合在一起的时候，当我们能够达到更高的维度的时候，我们将获得更大的自由，可以无为而无不为，也能得到更大的幸福。所以，亚里士多德在两千多年前就告诉我们，道德是幸福的必要条件。当你真正地合道，真正地带着利他心的时候，你的快乐、幸福、成就，以及所有的一切都将随之而来。

祝所有的读者因为读到这本书而开启智慧良知，从而获得成功、快乐、幸福……